グッバイ軟弱なキリスト教

チェ・アン

Originally published in English under the title
Say Goodbye to Powerless Christianity
Published by Destiny Image
167 Walnut Bottom Rd. Shippensburgh
PA 17257-0310 USA

まえがき

あなたは物事を対極的に見ていますか

私が今から話すのは、近年起きているリバイバルの話です。神の臨在と力が、信じる者たちの間で驚くべき有様で強まりつつあるのです。物事を大局的に見ることが大切です。なぜなら私たちは、聖霊の注ぎ掛けの時代に生きているからです。しかもその注ぎ掛けは、過去に慣れ親しんだことのあるものとは大きく異なっています。これまでの場合、神の力は炸裂した光のように、スーパースター的なリバイバリストとともに現れました。そしてその後も、残光が灯《とも》りつづけました。エバン・ロバーツによるウエルシュ・リバイバル、ジェレマイア・ランフィアーによるフルトン街の祈祷会、ジョナサン・エドワーズによるグレイト・アウェイクニングなど、たくさん思いつきます。

しかし、最近の神のやり方は今までとは違うようです。光の炸裂ではなく、炎が燃え広がってゆくのです。聖書にある言い方をすると、神殿の中の神の臨在から流れ出た川が、時ととももにどんどん深くなっていくのです。

そうです。アメリカではカルバリーチャペルやジーザス・ムーブメント、ビンヤード・ムーブメント、トロント・ブレッシング、ブラウンズビル・リバイバル（別名・ペンサコーラ・リバイバル）、レイクランド・リバイバルなどがあります。しかし大局的な見方をすると、これらのリバイバルは、今の時代の神の川に流れ込む小川にすぎません。

私がこのように言うのは、今あなたが手にしている本の著者であるチェ・アンほど、リバイバルを大局的に見ることに卓越した者は、この時代にはいないと思うからです。

彼のその能力の源泉はどこにあるのでしょうか。それはチェ・アンがリバイバルを研究し、分析しただけでなく、彼自身がその一員だからです。チェ・アンはジーザス・ムーブメントの中で救われて以来、名の知れたあらゆるリバイバルの中で奉仕してきました。チェ・アンはルー・イングルとともにザ・コールを創設しましたが、ザ・コールは若者たちを革命的な信仰へと駆り立てました。

一九八〇年代初頭に、メリーランド出身の若き韓国系アメリカ人牧師が私の執務室にやって来ました。そのとき私は、カリフォルニア州パサディナ市にあるフラー神学校で教鞭をとっていました。彼は自分のビジョンを語り始め、このパサディナで、五千人が集うカリスマ派教会を開拓するよう神から召されたと言いました。彼がその話をした瞬間、私はこのチェ・アンという人物が気に入りました。その気持ちは今でも変わりません。教会成長の教授をしていた私にとって、またとない人物が現れたのです。

私は、彼が何をもくろんでいるか察しがつきました。パサディナは、カリスマ派牧師の墓場と言われていたからです。パサディナで開拓されたカリスマ派教会で、成長した教会はひとつもありませんでした。しかしチェ・アンはその歴史を塗り替えました。確かに初めはなかなか上手く行きませんでしたが、祈りの牧師であった彼は、諦めることなくルー・イングルとともに踏ん張りました。そして一九九四年に、彼がハーベスト・ロック・チャーチを始めた頃から状況が変わり始めたのです。今では、アンバサダーオダトリアムと呼ばれる劇場を兼ねた会堂を所有するようになりましたが、それは西部のカーネギーホールと呼ばれるくらい有名です。教勢はまだ五千人に達していませんが、チェ・アンが創設した使徒的ネットワークであるハーベスト・インターナショナル・ミニストリーズ（ＨＩＭ）に所属する教会は世界三五カ国にあり、その数は五千にもなるのです！　彼は、私の自慢の教え子なのです。

本書「グッバイ軟弱なキリスト教」を読めば、チェ・アンの人となりがよくわかります。読者は、彼の視点を通して神の炎の拡散を大局的に見るようになります。そして自分自身で神の道を学び取り、救霊、霊的刷新、奇跡的な癒やし、効果的な祈り、霊的解放、繁栄など、あなたのあらゆる行動の中に神の力を体験することになるでしょう。

あなたは、歴史を塗り替える革命家への道を見出します。

ワグナー・リーダーシップ・インスティテュート学長
C・ピーター・ワグナー

目次

序章

人生の顛末が前もってわかっていたら良かったのにと、誰もが考えるものです。人生に失敗したとしても、自分の将来には神が用意したものがまだまだあるとわかっていれば、「頑張ろうよ」と周囲の人たちにも堂々と言えるはずです。

いま私は心から言うことができます。「神があなたの心に与えてくださった願いを諦めてはいけません。あなたの夢をとことん追い求めなさい。未知の領域に踏み込んで、そこにあるものを見つけなさい！」と。

安定成長を遂げる教会の牧師をしていた私は、その人生に満足していました。神との交わりを楽しみ、御言葉を学び、人々を救いに導き、教会員たちに弟子訓練をして喜んでいました。時には幾人かで海外へ行き、神の愛と力を説くことができる恵みを満喫していました。

このように満ち足りた生活は、私には素晴らしいことのように思えました。自分の過去のことを考えれば、高尚でさえあったのです。十七歳の反抗的で麻薬常習者である韓国系バプテスト教会の牧師の息子だった私を、神がこんにちのように導いてくださるとは夢にも思いませんでした。もし私の人生がこのようになると想い描く人がいたなら、私はその人のことを鼻で笑っていたことでしょう。

神が私にしてくださった大いなることや、私をここまで用いてくださった恵みに驚嘆することなく過ごした日は、一日たりともありません。恵みによってこの本を執筆しているいま、私は三五カ国の五千の使徒的教会から成るハーベスト・インターナショナル・ミニストリーズ（ＨＩＭ）を監督する立場にあるのです。同時に、カリフォルニア州パサディナにあるハーベスト・ロック・チャーチの主任牧師として仕える恵みにも預かっています。

この教会は奇跡的な恵みによって、アンバサダーオダトリアムと呼ばれる会堂を所有しています。その建物は、パサディナでは「王冠の宝石」と呼ばれており、全米でも有数の壮麗さをほこる劇場でもあります。神はいくつもの奇蹟を起こしてくださり、私たちにその建物を管理させてくださっているのです。この神の偉業による栄光は、すべてイエスのものです。この教会にテレビ放送やインターネットの設備があり、世界二一五ヶ国を網羅できることは驚きに値します。

また二〇〇〇年から二〇〇四年まで、ザ・コールの総裁として奉仕させていただきました。ザ・コールとは、私のよき友であるルー・イングルによって始められた壮大な祈りのムーブメントです。ザ・コールは、二〇〇〇年にワシントンＤＣのモール地区で、若者と三世代からなる四十万人余りの人々を一堂に会して、国家のために断食して祈る集会を催しました。アメリカ全土から数え切れない人々が集結したのです。ザ・コールは、アメリカの国民や政府の道徳向上に貢献しており、神ご自身とこの時代に対する神の目的とのために深く献身した若い世代を生み出しています。これと同じコール（召し）が、いまや世界中の多くの国々に広がっています。

神の恵みによって、私の著者はこれで九冊目です。また私は世界の五五ヵ国を訪問しましたが、そこでＨＩＭの加盟者たちをとおしてなされた主の御わざをご紹介します。

・クリスチャンたちが諸外国の政府で重職に就任しました。
・ハリウッドに変化が起こりました。
・第三世界の見放された村々に孤児院が建ちました。
・ロサンゼルスのストリートギャングの若者たちが、聖霊の霊感を受けて発明家になり、特許を販売するようになりました。
・北朝鮮の飢えた人々に、密かに食糧供給する製麺所が建設され、ＨＩＭによって運営されています。
・切断された人体の部位が祈りによって奇蹟的に再生しました。

本書にはこれと同様の証が数多く盛り込まれています。神は憐れみによって、私自身の夫婦関係も癒やしてくださいました。私は素晴らしい家庭を与えられて祝福されています。私は妻を愛しています。子どもたちもみな立派に成人して、主に仕えています。

素晴らしい家庭に加え、現代のソロモンとも言うべき友人たちにも恵まれています。しかし、もっとも価値ある財産は、イエス・キリストとの個人的な関係であり、主の素晴らしいご臨在による至福の喜びです。

詰まる所、神との親しい関係こそ、召命を実現するための唯一の道なのです。世界でも屈指の、雄弁な講演家や優秀なメンターの助けがあれば、あなたは望みどおりの人間になれるかもしれません。しかし私としては、心躍る信仰の旅に出ることをあなたにお薦めします。聖霊の導きに従ってください。聖霊の息遣いが聞こえてくるほど親しくなってください。そして徹底して導きに従ってください。そうすれば証の種が尽きることはなくなります。

私の場合は、この事実を苦労して学ぶ結果になりました。というのは、多くの人と同じように、私も努力さえすれば事足りると思い込んでいたからです。そのような苦しみは避けて、失敗から学んでください。やるべきことは、ただ聖霊の導きに「伏する」ことだけです。イエスが父なる神に従ったのと同じようにです。服従するなら、聖霊はあなたには無理だと思える高嶺にまで連れて行ってくださいます。

私の願いは、本書で私が証をしているのと同じように、読者も誰かに証するようになることです。それによってその人たちも励まされ、驚くような人生と召命の中に踏み込んでいくことです。本書に書かれている物語や変貌の証が読者の励みとなり、人生の祝福となるよう祈ります。

第一章　復活

一九九三年は、私の人生において最悪の年でした。大げさに聞こえるかもしれませんが、当時の私の思いを正確に言い表しています。その年が最悪であったという思いは、今でも変わりません。南カリフォルニアで牧師として九年間苦闘したのち、私はついに牧会を辞めることにしました。まさか、このような結果になるとは夢にも思っていませんでした。

鮮明な夢

初め私には、素晴らしい教会を作ろうという強い信仰とビジョンがありました。神は私に、文字通りロスサンゼルスに行くというビジョンを与えておらました。この思いはビジョンというよりは夢に近いものでしたが、私にとってこの夢ほど現実的なものはなかったのです。まるで神の御座からお呼びがかかったような感じでした。

私の夢の始まりは、かなり不吉でした。一九八二年九月二日の明け方四時に（この日は、私が牧師に任命されてからちょうど三年たった日でした）、夢の中に黒人男性が現れて私に言いました。「主はあなたに、ロサンゼルスに行ってほしいと言っておられます。そこで大収穫が起こるからです。」

目が覚めると、主の臨在が波のように私の体中を駆け巡っていました。教会で歌っていた「リバイバルの時が来た」という歌の歌詞とメロディーが、頭の中で繰り返し鳴り響いていました。

私は急いでひざまずき、祈り始めました。待ちきれなくなって朝の五時半に妻のスーを起こすと、息巻いて夢の話をしました。

すると家内は、私が夢で見たことはすべて正しいと言ってくれました。瞬く間に私たちの心は神の導きに従おうという思いでひとつになり、神からの示しを喜び、祈り始めました。

その日を皮切りに、私たちは次に取るべき行動に向けて心の準備を始めました。具体的な計画を立てるには、更なる確認が必要でした。ギデオンが、主がともにおられることの明確なしるしを求めたように、スーと私も主からの確認を求めて祈りました。

私たちは、親友であり牧師でもあったラリー・トムザックのほうから、私に教会開拓の意志があるかどうかを尋ねてくるよう祈りました。当時私は、彼の教会の牧会チームの一員だったからです。彼のほうから尋ねてくれれば、神が与えてくださったロサンゼルス行きのビジョンについて、洗いざらい語ることができるからです。それが実現したなら、メリーランドからの大移動ということになるのです。

牧師たちからの承認

夢を見てから半年後のこと、ラリーから昼食の誘いがありました。私は心の中で、「今日ラリーは、私に教会開拓の思いがあるかどうか尋ねてくるに違いない」と思いました。どうしてそれがわかったかについては、説明することができません。とにかくわかったのです。私が見た夢が主から来ていると確信できたのと同じように、その日ラリーが夢の確認を与えてくれることが、私にはわかっていました。

ラリーと私が昼食のために腰掛けると、ラリーが言いました。「チェ。ぼくは、うちの教会には牧師が多すぎると感じているんだ。それで君を教会の開拓に派遣しようと思うんだけど、君にはそういう思いがあるかい。もしあるとしら、どこに行きたい。」

私はかろうじて自制することができました。

「いやぁ〜、こうして尋ねてもらえるなんて、夢にも思ってなかったよ！」

私は夢のこと、ギデオンの祈りのこと、ロサンゼルス行きのことすべてを語りました。

ラリーが戸惑いを口にしました。「ロサンゼルスか。ぼくはもう少し近場を考えていたんだがなぁ。たとえばヴァージニア州の北部とか、とにかく近いところを。」

「ラリー。ぼくは、この夢は本当に神から来ていると思っているんだ」と、私は答えました。ラリーは私の意見を否定せず、今度の牧師会で他の牧師たちにも話してみたらと言ってくれました。牧師会で話すのは、他の牧師たちの意見を聞くにはもってこいの場でした。

私が話をしたところ、牧師たちは口をそろえて、私の夢は神の導きなのではないかと言ってくれました。彼らは、念のため更に時間を掛けて祈り、主に確認を求めてみてはどうかと勧めてくれました。

テレビ番組を通しての語り掛け

自分たちが正しく御声を聞いているかどうかをはっきりさせるため、妻と私は自宅から離れ、三日間、断食祈祷をすることにしました。メリーランド州のオーシャンシティにある、おじの別荘を借りました。

別荘に入って荷物を置いた私たちは、床にひざまずき、ロスへの移動について確認を求めて祈りました。

その瞬間です。私の中で、今すぐテレビを見なければならない、セブンハンドレッド・クラブが放映中のはずだ、という思いが閃《ひらめ》きました。

私は妻に、冗談交じりに言いました。「スー、テレビをつけてパット・ロバートソンが出てるかどうか見てみないか。もしかしたら、彼がぼくたちに関して、知識の言葉を語るかもしれないから。」普段の私はこういう類のことは言わない人間ですが、事の性質上、仕方がありませんでした。オーシャンシティでパット・ロバートソンの番組をやっているのでしょうか。しかも、その日のその時間に。私たちは番組表を持っていませんでしたし、別荘にテレビがあるかどうかも知りませんでした。そのときはシーズンオフだったからです。

しかしなんと、別荘にはテレビがありました。しかもちゃんと映るではありませんか。チャンネルを変えてみると、案の定、セブンハンドレッド・クラブがやっているではありませんか！ ベン・キンクローとパット・ロバートソンが手紙の束に手を置いて祈っていました。そのあとで二人は、知識の言葉（神が語っていると超自然的に感じたこと）を語り始めました（第一コリント十二・8参照）。

通常、知識の言葉は、主が癒やそうとしている病気に関するものがほとんどです。パットは少し間を置いてから、次のような知識の言葉を語りました。「教会の開拓に関して、御心の確認を求めている牧師がいます。主は、それはわたしの計画であると言っておられます。もしあなたが一致と調和のうちに出て行くなら、主が大成功させてくださるでしょう。」

私は、自分の耳を疑いました。そして妻に向かって叫びました。「これは私たちへの言葉だ。確認が取れたぞ！」私たちは有頂天になって神をほめたたえ、踊りながら別荘の中を回りました。何と不思議なことでしょうか。そのあと私は、もうひとつの考えが浮かびました。その日に同じ番組の再放送があるはずだと思いました。自宅では再放送を見ていたのです。もしあったら、あの知識の言葉をテープに録音して、同僚の牧師たちに聞かせようと思いました。

午後から夕方にかけて、テレビをつけっぱなしにしておきました。案の定、再放送がありました。携帯用のカセットデッキを手にして、録音の準備は万端でした。神が私たちの祈りに答えてくださったことに感謝しつつ、私たちは三日間の断食祈祷の代わりに、しばしの休暇を楽しみました。

翌週の火曜日、私は仲間の牧師たちに会い、別荘での出来事を分かち合い、録音したテープを聞かせました。ある牧師が言いました。「テープを聞いている間、聖霊の臨在を感じたよ。チェとスーのロス行きは、主から来ていると思うね。」牧師たちの承認と祝福を得た私たちは、ロサンゼルスに遣わされるのは時間の問題だと悟りました。

いざパサディナへ

ロサンゼルスは巨大な都市です。ロスとオレンジ郡を合わせた総面積は、ニュージャージー州とデラウエア州を足した面積に相当するそうです。ここで問題になるのは、そのロサンゼルスのどこで開拓を始めるかです。その場所を、二つの州を合わせた広大な地域から見つけなければなりません。

そのとき友人のルー・イングルが、フランク・バートルマンの「アズサ・ストリート」という本を貸してくれました。それはバートルマンによる、アズサ街リバイバルの記録でした。このリバイバルは一九〇六年にロサンゼルス地区で起こり、ペンテコステ運動を生み出した有名なリバイバルです。

数ページも読まないうちに、私の目はバートルマンの祈りに向いていました。「パサディナを神のもとへ」と書かれていました。注1 バートルマンは、パサディナにリバイバルが起こることを望んでいたのです。それを読んだとき、「パサディナ」という一語が私の心に飛び込んできました。パサディナに行かなければならない、すぐにそう察知しました。しかし私は、パサディナがどこにあるのか知りませんでした。

図書館に行き、ロサンゼルス地区について調べ始めました。するとパサディナは、ロスから一番近い郊外であることがわかりました。パサディナには国道一号線が通っており、パサディナとロスのダウンタウンを結んでいました。またパサディナは、フラー神学校やワールド・ビジョン、フォーカス・オン・ザ・ファミリーなど、多くの伝道団体の発祥地でもありました。神がこの街に御手を置いているようで、主が私たちをパサディナに招いておられるに違いないと思うと、ワクワクしてきました。

慎重に備え、一定の時間を置いたのち、私たちと他の三組の夫婦、そして数名の独身者たちが、教会開拓のためにメリーランドからパサディナに遣わされました。

私は二八歳にして、独力で第二のアズサ街リバイバルをロスに巻き起こす準備ができました。少なくともそう思いました。しかし実際に起きたのは試練でした。神は私を砕き始めたのです。何度も打ちひしがれては、床にひれ伏して泣きました。エリヤの神を求める代わりに、「リバイバルの神」を求めて叫んだのです。

第二列王記二・14にこうあります。

彼はエリヤの身から落ちた外套を取って水を打ち、「エリヤの神、主は、どこにおられるのですか。」と言い、彼が再び水を打つと、水が両側に分かれたので、エリシャは渡った。（強調は著者）

この箇所でエリシャが「エリヤの神」と言っている意味は、エリヤが体験したのと同じしるしと不思議を求めている、ということです。私もエリシャのように、過去のリバイバルにおいて力あるわざを行った神に向かって、奇蹟のわざを求めて叫んでいたのです。

この間、ルー・イングルとデイビッド・ウォーニックと私は、自分たちに成し得るありとあらゆることをやりました。その二人は後に私の同僚の牧師となり、私たち三人はビジョンを成し遂げるため、思いに浮かぶあらゆる方法を試しました。しかしそれ自体が問題の一部だったのです。

私たちは早天祈祷会を何年間も行いました。早朝に床から抜け出るには、強い決意を要することがほとんどでした。私は朝型人間ではなく、宵っ張りだったからです。ある時期には祈祷室に四、五〇人集まり、部屋が満杯の状態でご臨在に浸りながら祈ることもありました。しかし大抵の場合、自分たちの祈りは聞かれているのだろうかと疑いながら、義務感で「犠牲を払っていた」だけでした。

その一方で、私たちは十年間に渡り、あらゆる手段で伝道しました。カリフォルニア州立大学ロサンゼルス校では、野外伝道をしました。一般家庭への訪問伝道もしました。路傍で演劇伝道もしました。スラム街にも入っていきました。特別ゲストを招いて特伝もやりました。にもかかわらず収穫はほとんどありませんでした。しかし遂に教会が成長し始め、幾人かの素晴らしい人たちが与えられました。しかしそれは、リバイバルとは程遠いものだったのです。

状況による翻弄

ある兄弟は「一九八〇年代はハデスにでもいるかのようだった」と皮肉りましたが、まさにあの十年間はそのような期間でした。テレビ伝道者の不祥事が暴露される中、教会の働きをするのは楽ではありませんでした。この時期の話をすることには意味があると思っています。確かにずっと以前の出来事ではありますが、神が私を絶望から成功へと導いた信仰の旅路における重要なひとコマだと思います。「**事の終わりは、その初めにまさる**」（伝道者の書七・８）と主が言われるとき、主はその真の意味をご存知です。

そのときは個人的にも苦闘していたため、私にとって二重の意味で困難な状況でした。人から自分の仕事について尋ねられると、教会関係の仕事ではなく、セールスマンだとか保険の仕事だと言いたくなるくらいでした。私の願いに反して、次の十年はそれまでの十年よりも一層辛い期間になりました。それまではどん底にいたのですが、そのどん底までも抜けてしまったようでした。

私が所属する大きな宣教団体が支援する、はじめての異文化交流教会の開拓が、私たちの目の前で砕け散りました。詳細はくどくど説明しませんが、この状況の主たる責任は私にありました。開拓の失敗は、海外宣教の働きにも影を落としました。結果として、教会においても宣教団体全体においても、宣教活動が不確実な状況に追い込まれたのです。

私たちの教会は海外に宣教師を派遣していただけでなく、世界宣教のビジョンを土台にして築かれた教会だったため、多くの教会員が教会を去りました。方向性が大きく変わったことにより、地域教会の人々も教会開拓プロジェクトにかかわる人々も、幻滅してしまいました。六ヶ月の間に百名以上の教会員が去りました。私は、自分自身も去り行く人たちのひとりであったら良かったのにと、何度も思いました。しかし主は、私を行かせてくださらなかったのです。

この働きを通して多くの良い結果も出ましたが、私の世界宣教のビジョンが消えうせたように思えたとき、私の心は言葉にできないほど荒《すさ》みました。遂には、所属団体の指導者の交代劇にまで事態が発展したのです。新しい指導者は、今後はアジアはもとより、アメリカとメキシコ以外では教会を開拓しないという方針を明らかにしました。

若い頃の私には、世界宣教や国際的な働きに対する強い重荷がありました。それが原動力となって神を求めていましたし、いろいろな事に手を出していました。しかしビジョンが死んでからは、私自身も霊的に死んだようになってしまいました。

宣教団体のチームは、言葉では説明しきれない情熱と愛情のこもった献身をもって教会の開拓に励み、神の国が世界中に広がることを願っていました。そのため私は、失敗した今となっては、それと同じくらいの強さで空しさを感じました。ビジョンが実現する見込みがないことが、明らかだったからです。

私は、どうにか一九九三年まで踏ん張りました。けれども一月までに牧師を辞任し、スーと共に、教会からも宣教団体からも去るべきだとわかっていました。私たちの生涯でこれほど辛い決断はありませんでした。宣教団体の創立者とは、一九年間もともに働いてきた仲です。宣教団体を去ることは、この上もなく親しくしてきた友人たち、子供たちを一緒に育ててきた友人たちと別れることを意味していました。この友人たちの中には、ラリーとドリス・トムザック夫妻もいました。メリーランドの母教会には私の姉や親戚がいたため、気まずい気持ちは尚更でした。

主からの語り掛け

スーと私は、神が語ってくださったことを知っていました。しかもはっきりとです。私たちの移籍に関する主からの確認のひとつは、シンディー・ジェイコブスを通して与えられました。彼女はキリストの体の指導者であり、預言者でもあります。ある晩、主は彼女を目覚めさせ、私たちのためにとりなしをするよう語りました。その後、主は、私たちへの預言の言葉（聖霊の霊感による具体的な指示）をシンディーに与えました。（使徒十三・1〜3、二十一・10〜11、第一コリント十四・1参照）

シンディーが私たちに電話をくれたことは、これまで一度もありませんでした。実際、彼女は私たちの電話番号を知らなかったため、当時フラー神学校の教授だったピーター・ワグナーに電話をして、教えてもらわなければなりませんでした。シンディーは、私たちとは三つの州も離れたところに住んでおり、私たちの状況はまったく知りませんでした。私たちは移籍のタイミングや方法については誰にも相談せず主を待ち望んでいたので、人には知る芳もありませんでした。ところがシンディーは私たちに電話をしてきて、退会と移籍に関して預言をしたのです。驚いたことに、彼女は一九九四年までは移籍はないと言いました。また一九九三年は、私たちにとってもっとも厳しい一年になると言いました。

私の感情は高まりました。そのような理解しがたい言葉を受けたため、複雑な心境になりました。この困難な決断に関して妻と私に神からの語り掛けがあり、有名かつ高名な預言者を通して確認が与えられたことは確かに慰めでした。しかし私たちが本当に面をくらうのは、まだこれからでした。シンディーが「間もなく手に負えない状況になる」と言っていたのは正しかったのです。

私たちの決断を宣教団体の同僚の牧師たちに打ち明けると、彼らは怒り、落胆しました。詳細は説明しませんが、一番大きかったのは、教義や働きに関する考え方の問題でした。世界宣教のビジョンを失ってしまった団体に私がこれ以上留まることは、信仰的に無理だったのです。

私の心は引き裂かれました。私はその教会の人たちが大好きでしたが、信仰的に同意できない働きに留まることはできません。聖書は、アモス三・3でこう言っています。「ふたりの者は、仲がよくないのに、いっしょに歩くだろうか。」

それは妻と私にとって、クリスチャンになってから一番辛い決断でした。まるでパラシュートなしで飛行機から飛び降りるような感じでした。それでも主が、変わらず私たちの心の支えであり人生の導き手であり続けてくださることはわかっていました。私たちの願いは、ひたすら主の導きに従い、できるだけ教会を傷つけないように移籍することでした。

移行期間における困難

同僚の牧師たちは、主任牧師である私の辞任を受け入れてくれましたが、移行期間として一年間教会に留まってほしいと頼んできました。私はそれに同意しました。

率直に言うと、今後どうなるのか私には皆目見当がつきませんでした。神は私に辞任するように語っておられ、妻と私が教会を去ることは御心でしたが、他にはっきりしていたことは何一つありませんでした。私の願いは、家を売り払ってカリフォルニアを去ることだけでした。ロサンゼルス以外のところに行けるなら、どこでも良かったのです。

突然私は、酷く落ち込みました。落ち込むことなど滅多にない人間でしたが、酷く傷ついていることは明らかでした。まるで天上が崩れて、私の上に落ちてくるような感じでした。首は痛みで捻じ曲がり、ストレスで体が重く、倦怠感がありました。大幅な給料カットのため、家族も私も経済的に苦しみました。余り上手く行きませんでしたが、巡回説教の奉仕をして収入を補おうと努力しました。とても長く散々な六ヶ月間でした。

遂には、いろいろな請求を支払うため、家を担保にしてお金を借りることまでしました。この期間私たちは、親友たちからさえ拒絶されていると感じました。私たちの願いは別の働きに移ることだったので、彼らもまた私たちから拒絶されたと感じていたのです。その上私は、神に腹を立てていました。超自然的な夢を見せて私たちをカリフォルニアに導いておきながら、その夢を実現させなかったからです。

私は教会の働きはやめて、牧場で牧羊犬を訓練して、聖書を持っている人間に噛みつくかせたくなりました。もちろんそこまで強い感情は持ちませんでしたが、まんざら掛け離れたものでもありませんでした。すでに述べたとおり、この一年間に受けた苦しみを埋め合わせるような出来事は、この時点では何一つ起きていませんでした。あのような思いは、誰にもさせたくありません。それこそ、一九九三年が最悪の年として私の記憶に残っている理由なのですから。

しかし、苦しみはそれで終わりではありませんでした。神のなさることはいつもそうであるように、長い目で見ればすべては益となるものです。一九九三年のうちはそれを悟ることはできませんでしたが、神は私を砕き、一九九四年に向けて整えておられました。一九九四年は、リバイバルの夢が実現し始める年となったのです。

聖なる笑い

一九九四年の一月、カナダのトロントで、後に世界的に有名になる霊的覚醒が起こりました。それはこんにちでも続いています！　大きな霊の注ぎ掛け、あるいは聖霊の訪れとも言える現象が起きていたのです。[注2]　しかし多くの人が気づかなかったのは、時を同じくしてカリフォルニアのアナハイム・ヴィンヤード・クリスチャン・フェローシップにおいて同じタイプの霊的刷新が起こっていたことです。

アナハイムで霊的覚醒が起きたのは、日曜の夜、教会が若者たちを短期宣教旅行に送り出したときでした。聖霊が子供たちに降り注ぎ、尋常ではない激しさで現れたのです。その現れ（神の超自然的な力に触れられて、様々な肉体的また感情的な現象が起こること）は、笑いや叫び声、振え、痙攣《けいれん》、奇怪な鳴き声などをしばしば伴います（エレミヤ二三・9、ローマ八・26、黙示録一・17参照）。このよう

な現象は、歴史的に神の訪れの際に共通して見られるものです。注3

翌週、カリフォルニアで、ヴィンヤードの創立記念大会が行われました。その大会のテーマは癒やしでした。ゲストスピーカーはフランシス・マクナット神父とマヘシュ・チャブダでした。二人とも、癒やしの賜物で著名な伝道者です。

前週の霊的刷新による聖霊の働きが、記念大会にも強く表れました。ルー・イングルと私もその大会に参加する予定でしたが、新しいリバイバルがヴィンヤードの中で起きていることは知りもしませんでした。しかし私たちは、すぐにそれを察知しました。大会初日、参加者に聖霊が降り注ぎ、笑いや振え、叫び声やうめきなど、尋常ではない現れが起きるのを、私たちは直に目撃したのです。

初め私は、これらの現象を懐疑的に見ていました。ロドニー・ハワード・ブラウンや「聖なる笑い」に関する記事を「カリスマ」という雑誌で読んでいたからです。しかし私は、聖なる笑いを自分で体験したことはありませんでした。聴衆は集団心理で発作的に笑っているのであって、本当の聖霊の働きではないと思っていました。

ところが大会開催中のある日、聖霊がそよ風のようにホールの中を吹きめぐり、参加者たちがいろいろな区画で一斉に笑い始めたのです。友人のルーが私を肘で小突き、「ぼくたちのほうに来るぞ、ほらほら！」と興奮気味に叫びました。

私が、「ぼくは笑わないぞ」と言ったのを今でも覚えています。ところが聖霊が私たちの区画に到達したとき、私は酔ったような感じなり、笑いが止まらなくなったのです。その状態が最低二〇分間はつづきました。誰かが何か言ったわけでもないのに、何もかもがおかしいのです。

はげ頭の男性が私の前に腰かけていたのですが、どういうわけか、そのはげ頭が可笑しくてしょうがありません。私は前のめりになって彼の頭を触り始めましたが、男性は気に留める様子がありません。彼も笑っていたのです。心が洗われるような体験で、私の全存在が活性化されるような感じでした。後になって気づいたのですが、落ち込みがいつの間にか吹き飛んでいました。

私はこの神の働きに驚きましたが、ムーブメントの発祥地となったトロントのジョン・アーノット牧師も、私と同じくらい驚いたに違いありません。以下は彼の言葉です。

『私たちの教会は、神の働きを求めてずっと祈っていました。もっと多くの人が救われ、癒やされ、その興奮で盛り上がるのだろうと思っていました。神の力が働いて大集団が笑い出したり、床に倒れたり、泣いたりするという現象によって、子供時代からの心の傷が消え去ってしまうなどということは、一度も起きたことがありませんでした。現象そのものは奇怪に見えるかもしれませんが、それが結んでいる実は極めて良いものです。[注4]』

聖なる笑いを体験した結果、すぐにその効果が現れました。私は復活（リバイブ）したのです！リバイブという言葉の意味は「意識や命が回復する」ことです。[注5] 私は落ち込み、精神的に弱り果て、霊的に死んでいましたが、今や生き返りました。再びミニストリーをする意欲が湧いてきました。もっと重要なことは、イエスとの愛の関係に立ち返ったことです。私は主の臨在を感じるようになりました。そして人生に、信じられないほど素晴らしいことが起きたとわかったのです。しかしそれは、人生が変貌する一週間のほんの始まりにすぎませんでした。

御霊の力を受ける

翌日、マヘシュ・チャブダが説教しました。彼は、前日の夜に見た夢について語りました。夢の中では、ひとりの牧師がパンを二つ、その大会に持てきていたそうです。チャブダはその夢の意味を解き明かしました。ひとりの牧師が意味していたのは、大会に参加しているすべての牧師のことでした。これは興味深い説明でした。というのは、大会の参加者三五〇〇人のうちの五〇〇〇人が牧師だったからです。

その夢には、意味深長な象徴が他にもありました。例えば、パンが象徴していたのは癒やしの油注ぎでした。ブラザー・チャブダはスロフェニキアの女について語りました。女はイエスに自分の娘を癒やしてほしいと懇願しましたが、イエスはこう答えます。「**子どもたちのパン（癒やし）を取り上げて、小犬（異邦人）に投げてやるのは良くないことです。**」（マタイ十五・26、括弧は著者）すると女は答えて言いました。「**ただ、小犬でも主人の食卓から落ちるパンくずはいただきます**」（マタイ十五・27）。イエスは彼女の信仰を認め、娘は癒やされると宣言します。（マルコ七・29〜30参照）

チャブダのメッセージの要点は、牧師たちは大会で受けた癒やしの油注ぎを、自分の教会に持ち帰るべきだということでした。チャブダが夢について話したとき、私は思わず座席から立ち上がりました。その朝、私が家を出るとき、家内が手作りのぶどうパンを二つ持たせてくれたからです。私が大会にパンを持参したのは、それが最初で最後でした！

スーは私がクリスマス・プレゼントにあげたホームベーカリーを使ってみたくて、パンを持たせれば私も喜ぶだろうと思ってそうしただけです。マヘシュがパンを持参した牧師の話をしたとき、私は、もしかしたらこれは私のことかもしれないと思いました。私は期待に胸が膨らみ、身震いがしました。

集会の最後にチャブダが恵みの座を設けたので、私は彼と話すため、群衆をかき分けて前に行きました。チャブダと目線が合ったので私は言いました。「マヘシュ、あなたは私のことを知らないと思いますが、私は牧師をしていて、家内が今日この大会に、パンを二つ持たせてくれたんです。」

彼は目を大きく開くと、「ここで待っていてください！」と言いました。チャブダは演台に行き、マイクを握って言いました。「みなさん、どうかお静かに。」聴衆は静まりました。「こちらに、私の夢と同じように、パンを二つ持ってきた牧師さんがいらっしゃいます。彼のために、ともに祈りましょう。」

チャブダは私のところに歩み寄ると、両手を私の頭の上に置きました。私が記憶しているのは、自分が後ろに向かってふっと飛び、背中で着地して激しく震えていたことだけです。それが「御霊によって倒される」初めての体験でした。「御霊によって倒される」とは、神の力によって床に倒されることです（ヨハネ十八・1～6参照）。確かに私は、以前、他の牧師たちが祈ってくれたときに倒れたことがありました。でもそのときは、まったく何も感じませんでした。その倒れ方を私は、「礼儀正しい倒れ方」と呼んでいます。（倒れた本人は何も感じていないので、奉仕者を戸惑わせることがないからです。）

しかし今回は違っていました。按手によって、これまで感じたことのない凄まじい力が働いたのです。以前の私は、ヴィンヤードの人たちが祈られている間震えているのを見るとイライラしました。ところか今回は、自分自身がどうしようもないほど震えたのです。もっと驚かされたのは、あの日以来、震えるようになったことです。

賛美の中で礼拝しているときや聖霊の臨在を感じるときは、両手がいつも震えます。場合によっては、通常よりも激しく震えることもあります。私はこの現象に関して完全に納得しているわけではありませんが、体に電気が流れたときの反応に似ています。もし神の力に触れられて体が思いがけない反応をしても、驚く必要はありません。超自然的なものに接した場合の人間の反応は、そういうものだからです。

私の目的は、リバイバルや霊的刷新の中で起きる霊的現象を弁護することではありません。しかし私自身に起きたことについては、お話したいと思います。私は震えることを願い求めていたわけではありません。でも私は震えました。そして今も震えます。(こういった霊的な現象について知りたい方は、以下の書籍を読まれることをお薦めします。Guy Chevreau 著「Catch the Fire」、John Arnott 著「The Father, s Blessing」、Michael L.Brown 著「Let No One Deceive You」、Wesley Campbell 著「Welcoming a Visitation of the Holy Spirit」)。

力の分与

チャブダが祈ってくれたとき、私は力の分与を受けました(第一テモテ四・14、第二テモテ一・6参照)。

私は翌週になって自分が奉仕するまで、それに気づきませんでした。ルー・イングルと私は、パサディナで行われる青年大会に招かれたのです。

青年大会の開催中、聖霊は前週の癒やしの大会のときのように、若者たちに降り注ぎました。聖霊の力によって子供たちは震え、床に倒れました。そのときルーと私は、自分たちが受けた油注ぎが他の人たちに次々に伝染していくのに気づきました。しかし更なる衝撃を受けたのは、私が大会でセミナーを行ったときでした。

セミナーで語り終えたとき、十三歳くらいの少女が私のところにきて言いました。「私の左目のために祈っていただけませんか。左目の視力が全然ないんです。小さかった頃にカーニバルで金属片が飛んできて、酷い損傷を負ったんです。目の手術を三回受けましたけど、全然良くなりませんでした。左目が全然見えないんです。」

少女が説明していたとき、私は自分に信仰の欠片《かけら》すらないことに気づきました。正直なところ、彼女が癒されるという信仰がまったくありませんでした。以前、何人かの盲目の人たちのために祈ったことがありましたが、ひとりも癒やされなかったからです。私は今回も同じだろうと思いました。

私は一九七九年から牧師をしていますから、もし誰かに祈ってほしいと頼まれたら、たとえどんなに不可能な状況であってもとにかく祈るべきであることはわかっていました。私は少女に、自分の手を目に当てるように言いました。そして私の手を少女の手の上に当てました。祈りの中で自分がどう祈ったかは思い出せません。どのみちそれは重要でもありません。大切なのは彼女の信仰です。するとそのとき少女に聖霊が降り注ぎ、癒やされてしまったのです。

そのあとどうなったかは、言葉で言い尽くすことはできません。私が手をのけるや否や、少女は泣き出しました。「あなたの鼻が見えます。顔も」と、少女は叫びました。不信仰なことに、私は「ほんとに！」と叫んだのでした。

「すごくはっきりとではありませんけど、見えるようになりました。」と少女は言いました。控えめに言っても、私はあまりにも驚いて、茫然としてしまいました。私は自問しました。「いったいどうなってるんだ。今まで祈ってきたリバイバルが始まったとでもいうのか。何年も前に主が約束していたリバイバルが……。」

間もなく私は、それが歴史的な神の働きの初期段階であったことを知りました。

注

1. Frank Bartleman, Azusa Street (Shippensburg, PA: Destiny Image, 2006), 17.

2. Toronto Airport Christian Fellowship, Spread the Fire, January 1998.

3. Guy Chevreau,“ Chapter 4,„ Catch the Fire (London, England: Marshall Pickering, 1994).

4. John Arnott, The Father. s Blessing (Lake Mary, FL: Creation House, 1995), 59.

5. Merriam-Webster Online Dictionary, s.v.“ revive,„

http://www.merriam-webster.com/dictionary/cry (accessed:February 20, 2009).

第二章　小さな使徒の誕生

移籍は完了しました。神の導きを自由に追い求めることができるようになった私たちは、友人であり牧師でもあるルー・イングルとトゥリース夫人とともに、パサディナでハーベスト・ロック教会を始めました。ルーは、ロサンゼルスにリバイバルをもたらす夢を、長年心に秘めていました。ですからこの新しい冒険をするに当たり、彼ほど絶好のパートナーはいなかったのです。

教会は、祈り会という形で始まりました。もし私に何か学んだことがあるとすれば、それは何をするにもまず祈ってから始めるということです。教会を設立するときは、必ず祈りを土台にすべきです。ハーベスト・ロック教会もそうして始まりました。最初に答えられた祈りは、教会の名称についてでした。私の願いは、岩なる主のために、教会がたましいの収穫場になることでした。ですからハーベスト・ロックというのは、まさにピッタリの名前でした。

私たちは、どこの教会の祈祷会にも行っていない家族や友人たちを誘うことにしました。自分たち以外に誰が来るのか定かではありませんでしたが、驚いたことに、私たちの自宅には三〇人も集まったのです。それが一九九四年三月の、第一金曜日でした。翌週は六五人も集まり、リビングルームとダイニングルームが満杯になりました。私は、「一体この人たちはどこから湧いてきたのだろう。そもそもこの人たちはどこの誰なんだ」と不思議に思ったのを覚えています。私が知っている人は、ほとんどいなかったからです。

その後も噂は広まりました。というのは、祈り会には聖霊の臨在があったからです。私たちも私たちの家族も、霊的な刷新を経験していました。その刷新とは、一月末以降、トロント・ブレッシングとして知られることになった聖霊の注ぎ掛けのことです。私たちは、単に聖霊が祈り会に来てくださるよう願っていただけでした。

祈り会は至って簡素なものでした。最低でも一時間は賛美のときを持ちました。そのあとで私が短くティーチングをし、それから新しい教会のために祈りました。最後には参加者の必要のために祈りました。すると聖霊が参加者に降り注ぎました。私たちは主の力と臨在を感じることができました。参加者たちは臨在の中で安息し、聖霊に触れられて力を受けました。参加者たちの表情には平安があるのを見て取ることができ、肉体的、情緒的、霊的に力を受けているのを、部屋の至る所で感じることができました。人々が訪れていた理由はそこにあったのです。

三月に行なった三回目の祈祷会では参加者の人数を数え損ないましたが、妻が数えるのをやめる直前の祈祷会では、七二人の参加者が我が家に詰めかけていました。当然、別の会場を探さなければなりませんでした。

パサディナの隣街であるアルカディアの牧師が、大きな建物を見せてくれました。広々とした空間があり、参加者のために祈るのにもってこいの場所でした。私たちには、このような建物がどうしても必要でした。というのは、私たちが祈るとほとんどの人が御霊の力によって倒されていたからです。ただ困ったことに、その建物が使えるのは土曜の夜だけでした。それでも私たちは、兎に角そこを借りることにしました。

一回目の公式集会には、三〇〇名が集いました。そのほとんどが教会を探している人たちでした。彼らは霊的に飢え乾く他教会のメンバーでした。

毎週、神は力強い臨在を現してくださいました。私たちは毎週土曜の夜に祈りました。そして恵みによって主の臨在に捉えられた人々を、聖霊が床に倒すのでした。

この調子で数か月が過ぎた頃、私は神が区切りをつけるよう願っているのを感じました。祈り会ではなく、教会を設立すべきだということです。そこで私は、教会形成に関する話をし、他教会から来ている人たちに、もしハーベスト・ロック教会に入会する導きを感じていない場合は、所属教会に戻るよう勧めました。

次の土曜日の参加者は一五〇人だけでした。私はこれっぽっちも落胆しませんでした。この忠実な人たちの関心は、ハーベスト・ロック教会（ＨＲＣ）に所属することにあると知っていたからです。私たちが求めていたのは群衆ではありません。教会を設立しようとしていたのです。

教会は急成長したわけではありませんでしたが、一九九四年の終わりには、自分の教会はＨＲＣだと自覚する人の数が、二五〇名になりました。これまでの私の働きを顧みると、この一九九四年が、生涯で最高の年だと感じました。それ以上に状況が好転することは、想像すらできませんでした。教会は刷新されつつありました。救われる人々が起こされ、教会は成長していたのです。

しかし一九九五年には、一九九四年とは比較にならないことが起きたのでした。

トロント・ヴィンヤードの人脈

キリスト教界は、カナダのトロントで起きている新しい動きに騒然としていました。世界中からトロントに人々がやって来て、トロント・エアポート・ヴィンヤード・クリスチャン・フェローシップでは、聖霊の大いなる傾注が起きていました。とても濃厚な神の臨在があるという報告がなされており、働きに行き詰った大勢の人たちが、トロント・ヴィンヤードで力を受けたのち、新たなるスタートを切っているとのことでした。

一九九四年十月、ルー・イングルと私は、「キャッチ・ザ・ファイヤー」というカンファランスに参加するためカナダに行きましたが、それは人生を変える体験となりました。カンファランスではいろいろなことが起こりましたが、一番大きかったことは恐らく、トロント・ヴィンヤードの牧師であるジョン・アーノットと出会ったことだと思います。

　ほんの数か月前の一九九四年一月二十日に彼の教会で霊的刷新が起きて以来、アーノットは国際的に注目される存在になっていました。私とアーノットとの面会は、手短で非公式なものでした。カンファランスの会場だったホテルのロビーで、たまたま出会ったのです。その短い出会いの間に、私は彼の予定を尋ねました。一九九五年のうちに、パサディナでリニューアル集会を行う計画があるかどうかです。彼が言うには、一九九五年にはすでに三〇〇件余りの招聘《しょうへい》を受けているため、恐らく無理だろうということでした。しかし彼は、「何が起こるかなんてわからないものだよ。」と言い、とりあえず招聘依頼のファックスを送ってみてはどうかとアドバイスしてくれました。

　確かに彼にはわからなったのですが、神にはわかっていました。私は言われたとおり、ジョンに招聘状をファックスしました。数週間後の十二月、私は彼の秘書から電話をもらいました。ジョンが年末に、サンフランシスコに行く予定だというのです。三日間だけでよければ喜んでパサディナに行かせてもらうが、月曜日から水曜日になってしまうとのことでした。それでもいいかどうか、私たちの返事をジョンが欲しがっているとのことでした。

　私は少しのためらいもなく、「お願いします！」と答えました。突然の訪問となったため、私たちには宣伝する時間がありませんでした。しかし私は、毎週二五人前後の牧師と会って一緒に祈ることになっていたので、一月にジョン・アーノットを迎えて共同で集会を行おうと提案しました。その提案は、全員が承認するところとなりました。

私たちはパサディナで一番大きな施設を借りることにしました。モット・オダトリアムです。その建物は、ジョン・ローリー・モットにちなんで名づけられていました。モットは世界宣教に心血を注いだ高名な宗教家で、一九〇〇年代初頭に宣教史上に残る、学生キリスト教運動を展開したことで有名です。彼が導いた「国外宣教のための学生ボランティア運動」は、瞬く間に世界に広がりました。そのモット・オダトリアムは、合衆国世界宣教センターのキャンパス内にありますが、合衆国世界宣教センターも、ラルフ・ウインター（故人）という著名な宣教学者によって設立された施設です。

一九九五年一月二日、遂にリニューアル集会の初日を迎えました。ジョン・アーノットとともに会場に入ったときの様子を、私は決して忘れないでしょう。

なんと二〇〇〇人余りの人々が、集会に詰めかけていたのです。パサディナ一帯が、クリスチャンのホームカミングのように見えました。前の教会の人たちや、何年も会っていなかった人たちも来ていました。知人に加えて、一度も会ったことのない人たちが何百人も来たようでした。神の力が下りました。聖霊の電撃のような臨在が会場に満ち、しるしと不思議と癒やしが伴いました。（第二歴代誌五・13～14、使徒二・43参照）

霊的な刷新が本当に起こりました。私たちの教会だけでなく、大パサディナ地区にです。ジョン・アーノットのお陰で、私たちはこの街での聖霊の働きを確実なものにすることができました。その働きは、今では世界中に広がっています。今振り返ると、私たちが目にしたものは、リバイバルだったと言うべきかもしれません。そのリバイバルは、こんにちも実を結び続けています。

初期の段階においてはこのような集会と並行して、別の神の動きもありました。三人の牧師が、自分たちの教会を私たちの教会に合併させたのです。その中には、今も上級牧師をしているカール・マラウフ牧師とデビー夫人がいます。彼らと私たちは、パサディナとアメリカのリバイバルを切望する思いで一致し、神の祝福を受けました。

もうひとつの大きな出来事は、私たちの教会がリック・ライト牧師とパム夫人の牧会するグレンデール・ヴィンヤード教会と合併したことです。この合併の後、ヴィンヤードの牧会チームによる祈りと確認を得て、一九九五年三月、私たちの教会はハーベストロック・ヴィンヤードに改名しました。しかしジョン・アーノットの集会を通して起きた変化は、他にもありました。ジョンが、私たちの人生を根底から変えてしまうことになる提案をしてきたのです。

第三章　預言者的な教会に働く力

私は、働きで成功する秘訣は、預言者のように神ご自身によって導かれることだと信じています。つまり父なる神がなさることを見て、それだけをやるということです。（ヨハネ五・19参照）

多くの場合、人が計画を立てて、それを祝福してくださいと神にお願います。しかしもっと良い方法は、神の計画が何であるかをまず見出し、他のすべてをその計画に寄り添わせることです。イエスにとどまる人たちが多くの実を結ぶ理由はここにあります。神を待ち望むなら、神は御心を表してくださいます。その御心に従うなら、多くの実を結ぶことを確信できると約束されているのです。（ヨハネ十四章、十五章参照）

この原則は、私個人とハーベスト・ロック教会にとって譲ることのできない信条です。これまで私たちが体験した主要な祝福や霊的突破は、どれもこの原則に従った結果です。神に示されることの中には、どうしてそうしなければならないのか理解できないものもありますが、その場合であっても原則を通します。これからいくつかの実例をご紹介します。

リニューアル集会

ジョン・アーノットが一九九五年一月にモット・オダトリアムで集会を行い、大勢の来場者を目にしたとき、彼は即座に、連続集会を始めたほうがいいと提案してきました。一九九四年の一月以来、トロントでもそうしているとのことでした。私は彼の提案には食指が向きませんでした。私たちの教会は、できてからまだ一年もたっていなかったからです。私の人間的な思いでは、毎晩集会を行ったら教会の人たちが参ってしまい、生まれたばかりの教会を死なせてしまうことになると思いました。

翌月私たちは、ウエス・キャンベルを招いてモットで集会を行いました。彼もまた、アメリカのあちこちにリバイバルを広めているパワフルな器です。この集会も大成功し、多くの実を結びました。ウエスも連続集会をしたほうがいいと勧めてきました。どうも神が語っているようだと感じたことと、リック・ライトのヴィンヤード教会との合併が間近に迫っていたことを考慮して、私は毎週末にリニューアル集会を行うことに心を開きました。合併した暁には、もっと多くの牧師やスタッフに連続集会を手伝ってもらえるだろうと合理的に考えたのです。

目的は多くの人を集めることではなく、雲（神の臨在）とともに移動し、あらゆる機会に神の民に祝福を受けさせ、彼らを霊的に力づけ、人生を変えることでした。週に三回集会をやることについて、同労者のリック・ライト牧師に相談しました。彼は同意しましたが、同時に、教会の霊的健全さを保つにはそれ以上は増やさないほうがいいと釘を刺しました。リックと私は、この件を毎週祈りの集会を行っている他の牧師たちにも提案し、集会を増やすという重荷を分かち合うことにしました。

驚いたことに、集会数を限定すべきだという意見は人間的な論理に基づいていたことがわかりました。神は別の計画を持っていたのです。皮肉なことに、神はリックを通して私たちの思いを変えました。

この出来事は、私にとって忘れることができないものになりました。牧師たちの祈り会で、聖霊がリックを通して預言し始めました。主はリックに、第二列王記十三章の箇所を示しました。エリシャがヨアシュ王に矢で地を打つように命じた箇所です。王は三回しか地を打ちませんでしたが、エリシャは王がそれだけでやめてしまったことに怒って言いました。「**あなたは、五回、六回、打つべきだった**」（第二列王記十三・19）と。結果として、王は三回しか戦いに勝利せず、敵を完全に打ち負かすことはできませんでした。

リックは預言を語り始めました。「ヨアシュ王が五回、六回地を打つべきだったと言われたように、私たちもリニューアル集会を週に三回だけ行うのではなく、週日の夜に五回、六回行うべきです！」

預言の言葉はとても力強く、部屋にいた全員が神の語り掛けだと証しました。私も、信仰によって集会を増やすべきだと、その言葉によって説得されたのでした。ジョン・アーノットが三月に再びパサディナで集会をやることに同意してくれたのですが、私たちはその集会を皮切りに、教会で毎晩リバイバル集会をすることとしました。そういうわけで一九九五年三月二四日、リバイバル集会を開始しました。二十一日間にわたり毎晩集会をやりました。その後一年半は、週に五日間集会を持ちました。

それ以降も、私たちは聖霊が導くままに連続集会を行っています。遠くない将来、集会が増えることも知っています。

私たちはモット・オダトリアムをレンタルして集会を続けていましたが、私にとってそれは厄介なことでした。というのは、私が前に設立した教会もこの施設で集会を行っていたからです。今はすでにモットから移転したものの、合衆国世界宣教センターの敷地を隔てた反対側で集会をやっていました。

ただ、連続集会はいくつもの他教会と合同でやっていたし、ハーベスト・ロック教会は当時は隣町のアルカディアで集会をしていたため、もしモット・オダトリアムのような地理的条件にある大きな施設に集約できるなら、そのほうが合理的ではありました。私は、まさかアルカディアを出て、モットに教会を移すよう主がおっしゃるとは、夢にも思っていませんでした。しかし、まさにそのとおりになってしまいました。

モットへの移動

「チェ。君がそう感じていないのはよくわかっているが、神の御心は教会をモットに移すことだと思うよ」。私は、同僚のルー・イングル牧師に、このような言葉を最低でも六回言わせなければなりませんでした。確かに彼の住まいは、通りを挟んでモットの向かい側にありましたが、彼がこう言ったのは、そういう理由からではありません。モットは六十年余り前、ナザレン教団がリバイバルのために捧げたものですが、ルーはそのことを預言的に捉えていたのです。そして神が再びその建物に訪れようとしていることを、彼は信じていたのでした。ルーは、モットを拠点にすることは教会にとってこの上もなく重要なことだと感じていました。私たちは歴史的な神の働きが起こると信じていましたが、それを完全な形で経験するには、モットへの移転が必要不可欠だったのです。

率直に言って、私はハーベスト・ロックの移転を望んでいませんでした。とりわけ、芝生のすぐ向こうに以前の教会がある場所など、もっての外《ほか》です。私は怒りにも近い感情で移転案に反対しました。加えて、モットを日曜礼拝のために借りるというのは、私には合点がいきませんでした。確かに連続集会については、大きな施設を借りる料金を頭割りにできるので問題がないとしても、モットで礼拝を行えば更に賃料がかかることになるからです。私たちが合併したグレンデール・ヴィンヤードが建物を所有しており、そこで集会をすることができるのですから、わざわざモットを借りて日曜礼拝をやる意味などなかったのです。

しかし神は再び、その合理的な考えを揺るがしました。話は変わりますが、私はジム・ゴールという友人から電話をもらいました。彼は、定評のある預言者的な牧師で、当時はミズーリ州のカンザスシティに住んでいました。

「チェ。昨日の夜、君に関する夢を見たよ。君がモット社製のアップルソースの瓶を持っているんだが、何か意味があるんだろうか？」と彼は不思議そうに言いました。

「話したところで君は信じないだろうが、ルーとぼくはモット・オダトリアムという建物に教会を移すのが主の導きではないかと考えているんだ。ぼくとしては、そこを借りるような経済的な余裕はないと思うんだけどね。それにその建物は、前の教会のすぐ近くにあるんだよ。だからそんなところに移るなんて、良くないと思うんだ。」と、自分に確信があることを示しました。そう言うことによって、少なくとも自分自身の説得には成功していました。

ところがジムは食い下がってきました。「そういうことだったのか。チェ。君はモットを手で握っているんだよ。神はモット・オダトリアムを、君に所有させようとしているんだ。アップルソースの意味は、そうすれば君は実を結ぶようになるということだ。それだけじゃない。ぼくの感覚が正しければ、主は君が出費の心配をしなくて済むように、経済も与えてくれるよ。君の前の教会に関しても、主が責任を持ってくださる。」

私にしてみれば、モット・オダトリアムへの移転は、ハーベスト・ロック教会の開拓以降では最も困難で、へりくだりが求められる決断でした。その決断が困難だったことには理由がありました。それは、前の教会の新任の牧師に、モットに移るつもりはないと話していたからです。ですから神が語ってこられたとき、私はその牧師の前にへりくだり、その言葉を撤回させてほしいと頼まなければならなくなることがわかっていました。しかし詩篇十五・4に「**損になっても、立てた誓いは変えない**」とありますから、今置かれている状況では、私はたとえ損になっても、モットに移ることをやめるべきでしょうかと、主に尋ねてみました。すると主は、預言の言葉や信頼できる人への相談を通して、そのようにしてはならないと語られました。

私は働きを始めた段階で、父なる神がやることだけをしようと心に決めていました（ヨハネ五・19参照）。ですから私には、主が行けと語っているほうに向かって進むしか道はなかったのです。はじめは連続集会を行うことが御心とは思えなかったにもかかわらず、多くの実を見ることができたのと同じように、あれから何年か経った今振り返ってみるなら、モットへの移転も正しい決断だったことがわかります。

ジム・ゴールからの電話の一か月後、神は再び、導きについての確認を与えてくださったのでした。

天使の訪れ

一九九五年五月二八日、モットに尋常ではない霊的訪れがありました。私の愛娘ジョイ（当時十二歳）と親友のクリスティンが、ちょうどリニューアル集会から戻ってきたところでした。二人は聖霊に満たされていました。

二人が帰宅したのは夜遅くで、私は床に着こうとしていました。そのとき突然、笑い声が聞こえてきて、寝室の隣にある居間に響き渡りました。二人は居間に寝袋を広げてキャンプごっこをしていたのですが、聖霊の力に触れられて床の上に倒れ、ドシンドシンと音を立てながら激しく震えていました。

それ自体は素晴らしいことで私も嬉しかったのですが、音がうるさくて眠ることができません。翌朝は早く起きて説教をしなければならなかったので、ぐっすり眠りたかったのです。私は居間に入って行き、静かにしてもらえるよう丁重に頼みました。二人は謝り、静かにすると言ってくれたので、私はベッドに戻りました。ところが十五分後に、もっと酷い笑い声と床を叩く音が聞こえてきたのです。

正直なところ、今度は頭に来ていました。私は勇み足で部屋に入っていき、厳しい口調でいいました。「君たちが素敵な時間を過ごしているのは嬉しいが、霊的体験は自分の部屋に行ってやってくれないか。寝室の隣ではやらないでくれ！」

二人はまた謝ったので、私は床に着きました。今度は騒ぐ声は聞こえてきませんでした。（子供たちが夜遅くに神体験をしていたら、普通の親ならワクワクするものです。）

翌朝は静まり返っていました。なぜならもっと素晴らしいことが起きていたからです。家内は私のために、子供たちを静かにさせてくれていたのですが、聖霊が二人にユニークな方法で働いていることに気づきました。

家内は、クリスティンが預言し始めるのを聞いたのです。「モット、モット、私たちは、モットに行かなければなりません！」それは夜中の一時近くの出来事でした。家内は私をあれ以上煩《わずら》わせたくなかったので、子供たちに主が働いておられることを知って、二人をモットに連れて行ったそうです。鍵を開けて建物に入ったとき、スーはそこに神の栄光があるのを感じ取りました。そしてオダトリアム全体に白い霞がたち込め、天使たちがいるのを見ました。娘たちは驚きのあまり目を見開きました。二人が上のほうを見ると、無数の鳩や天使があちこちに見えると言い始めました。天使にはいろいろな大きさがあり、独特の色をしていたそうです。

スーは大急ぎで道路を横切り、イングル家の玄関をノックしました。ルーがモットにやって来ると、彼も聖霊の強い臨在を感じましたが、何も見えませんでした。二人の少女たちとスーだけに、天使や鳩や花やその他の不思議なものが見えました。その光景は、使徒の働きの中で天使が訪れた箇所のようでした。

ルーは娘たちを別々にして、二人に同じものが見えるかどうか試してみました。彼が別々に「あの隅には何が見える？」と尋ねると、どちらも「天使がひとり」と答えました。そして少女たちはそれぞれ、友人の助けを借りずに天使の姿をまったく同じように描写しました。スーも少女たちの描写が正しいことを認めました。二人には地上には存在しないような花が見え、それがどのような花かをそれぞれが描写しました。その花は宝石のように見えるけれども、見たこともないような鮮やかな色合いだったそうです。クリスティンとジョイには、幾千羽もの鳩も見えました。巨大なオダトリアムの座席一つ一つに何羽かずつ留まっていて、残りはホールの中を飛んでいました。

彼女たちには他にもいろいろな不思議なものが見えましたが、一番印象的だったのは天使だったそうです。天使たちは戦いの天使で、巨大なものいればチェラビムのような子供の天使もいたそうです。この訪れは六ヶ月近く続きました。モットでは他の子供たちも天使を見ています。私は娘に手を置いてもらいましたが、やはり私には何も見えませんでした。神が息子や娘たちに神の霊を注ぐと、彼らは預言をし幻を見ると約束しておられますが（ヨエル二・28参照）、そのとおりのことがモットで起こりました。
ところが御霊の導きを受けたのは、私たちの教会の若者だけではありませんでした。

教会成長

私たちはハーベスト・ロック教会のあらゆる決定において、預言者という隅のかしら石を用いることにしました。グラハム・クックが著書「預言の賜物を成長させる」の中で述べているようにです。預言の働きは教会のためにあります。特に、進むべき方向性や誰を指導者にすべきか、人生に与えられた使命は何かなどを捉えるためです。預言の働きは神の御心を教え、幻や召命を示し、敵の策略を阻みます。預言の働きは、教会の召しを全うさせるためにあるのです。注1

主は私たちを失望させませんでした。私たちが主の導きに従ってスタッフ、場所、集会、時間などを決めたことによって、思ってもみなかったものを主は私たちに任せてくださいました。その中には、ハーベスト・インターナショナル・ミニストリー（ＨＩＭ）があります。ＨＩＭは、三五ヶ国の五〇〇〇余りの教会を監督する使徒団です。

教会合併のための土台の祈りが世界的なネットワークに発展するとは。そのような結果は神のみぞ知ることでした。

ヴィンヤードとの別れ

普通は理解できないようなことを、再び主が語られました。前述したとおり、私たちの教会はハーベスト・ロック・ヴィンヤードになっていました。ヴィンヤード教会連合は私たち全員にとって貴重な存在です。特にジョン・アーノットの助けによって連続集会と霊的刷新とリバイバルが始まったからです。それらは今でもロサンゼルスや世界中の関連団体で継続しています。今は歴史的に「リバイバル」と呼ばれていますが、当初リバイバルはカナダで起こり、今でも世界中の無数のグループで力強く継続しています。他の国々で発生したリバイバルもあり、様々なリバイバルが存在しています。

ところが教会名がハーベスト・ロック・ヴィンヤードに変わった直後、ジム・ゴールが再び預言しました。すでにおわかりのとおり、ジムはハーベスト・ロックの土台となる指示預言を語ってきた器です。しかし今回の預言を私たちが理解したのは、九ヶ月後のことでした。

私は聞き耳を立てました。「チェ。ぼくはそのとき居間にいたんだが、君に関する幻を見たんだ。コルクがはじけ飛ぶ音が聞こえて、君がロゼワインのボトルを持っていた。ボトルのラベルには『九ヶ月』と書かれていた。ボトルを振るとコルクがはじけ飛んだ。するとボトルの中のワインが変化したんだ。そして君が手にしていたのは、もはやワインではなくなっていたんだよ。」

私は、預言者には本当に感謝しています。特にジムには。しかし私は、ジムの話を聞いても何のことなのかまったくわかりませんでした。私をもっと混乱させたのは、ジムに解き明かしが与えられていたことです。ところが主は、ジムがそれを私に語るのを留めました。解き明かしについては、九ヶ月経つまで教えられないと言うのです。

そのうち私は、その話を忘れてしまいました。その後の九ヶ月の間に、数えきれないほどの大きな祝福と試練がありました。リバイバル集会は勢いを増していましたが、トロントやモットで起きている動きに対する批判も激しくなっていました。注2 多くの人は、偽のリバイバルだと言いました。私としては、迫害や嫌がらせがヴィンヤード教会連合の代表者たちに悪影響を及ぼしたと思っています。結果として、トロント教会は、ヴィンヤード教会連合からの退会を要請されました。

一九九五年十月、多くの方々がそうであったように、私もそのような要請がトロント教会に対して出されたことに衝撃を受けました。十二月八日にルーとリックと私は、ヴィンヤード教会連合の代表者たちと面会しました。私たちは、自分たちもヴィンヤードから退会するように言われるだろうと思っていました。アナハイムにあるヴィンヤード教会連合の本部に車で向かう間、私たちは取るべき選択について話し合いました。私は、会合の結果の如何にかかわらす、リニューアル集会は続けるべきだと言いました。なぜなら神の導きによってその集会を始めたことは明らかだったからです。リニューアル集会を続けなければならないことは明白でした。たとえヴィンヤード教会連合を退会することになったとしてもです。私は「少なくとも、私たちを出会わせてくださり、この働きのためにひとつにしてくださったのが神であることは間違いない。」と結論を出しました。

私がその意見を言い終わるや否や、黒いメルセデスが私たちの車を追い抜いていったのですが、ナンバープレートにはなんと「リック・チェ」と書いてあったのです。それはまさに、私たちの協力関係が神によるものであることの確証でした。

「あの車のナンバープレートを見てくれ!」と私は叫びました。聖霊が働き、リックとルーも叫びだしました。第三者から見れば大したことはないかもしれませんが、ヴィンヤード教会連合の代表者たちと会合を持とうとしていた私たちにとってはしるしであり、私たちの信仰をとてつもなく強める出来事となりました。神がこう語っているように思えました。

「リニューアル集会を始めたのはわたしであり、わたしが教会を合併させた。わたしはハーベスト・ロックのかしらであり、あなたがたとともにいる」と。

結果的に、ヴィンヤード教会連合の代表者たちは私たちに退会を迫りませんでしたが、彼らの言葉を借りれば、「平和的に道を分かつこと」こそ全員にとっての最善の解決策なのではないか、とのことでした。私たちは友好的に同意しました。というのは、ジョン・アーノットやトロント教会との協力の結果として私たちが様々な祝福を経験していたことは確かで、アーノットたちとの継続的協力を優先すべきであることははっきりしていたからです。そういうわけで、十二月七日、ハーベスト・ロックは、ヴィンヤード教会連合から退会しました。

一週間後、ジム・ゴールが電話をくれました。「チェ。君に関する幻の話を覚えてるかい。『九ヶ月』と書かれたラベルのついたロゼのワインボトルのコルクがはじけ飛んだ幻だよ。」

私はためらいながら「ああ」と答えました。何か月も前に、それらしき会話をしたのは覚えていました。

「今からその幻の解き明かしをするよ。でもその前に、君がヴィンヤード教会連合にどれくらい在籍していたか教えてくれないか。」

私は電話を握ったまま、指を折って数えました。「九ヶ月だけど。」

「もうわかっただろ」とジム。

私はジムが何の話をしているのか、まだ理解できていませんでした。ジムは私にわかるように話してくれました。「ワインボトルは、君の教会を象徴しているんだ。君は『ヴィンヤード（ブドウ畑）』

だったが九ヶ月後にコルクがはじけ飛んだ。ワインが変化して、新しいものになったんだ。君はもはやヴィンヤードではないんだ。わかるかい。幻の中で神は、君がヴィンヤードに加盟しているのは九ヶ月間だけだと言われたんだ。君にこの解き明かしを伝えたかったんだが、主は待てと言われた。もしぼくが先走っていたら、分裂の原因を作っていたかもしれない。君が九ヶ月という短期間のうちにヴィンヤードを退会する原因をだ。だからぼくはあのとき、幻は伝えたけど、解き明かすのは九ヶ月待たなければならなかったんだ。」

私はこの解き明かしを聞いて茫然としてしまいました。いろいろな思いが脳裏を横切りました。最初に浮かんできた思いは、ジムは驚くべき預言者だということです。彼は具体的な事柄を、正確に主から受け取っていました。とてつもない慰めと励ましとなったこの語り掛けを、私はとてもありがたく思っています。

神はその主権によって、私たちがヴィンヤードの一員になるように召してくださいましたが、同じ主権によって、そのあとそこから連れ出しました。私たちはその両方において主に従いました。どちらも主の御心だったのです。

神がともにいてくださるのを知っていることに優る平安はありません。それも働きの変遷期という困難の中で、主がともにいてくださったのです。預言的な啓示と確証による恵みと支えなくして、どうして働きを統率することができたでしょうか。

神が預言という手段を用いる選択をしてくださったことに感謝します。ビル・ハモン博士が「預言は、神の御心の最も身近な働きであるとともに、最も重要な働きなのです。」と言っておられますが、まさにそのとおりです。[注3] 神はかしこくも、預言者と使徒を選び、教会を構築し、指導するための土台とされました。そしてキリストご自身が隅のかしら石なのです。（エペソ二・20参照）

確かに短期間ではありましたが、神が私たちをヴィンヤードの一員として導いてくださったことを、私はこんにちに至るまで感謝しています。私はヴィンヤード教会連合の代表者たちを愛しています。私たち特有の霊的ＤＮＡを培うことができたのは、ヴィンヤードとのかかわりを通して得られた多くの素晴らしい価値観のお陰であることを、私は決して疑っていません。

また私は、神が私たちをヴィンヤードから導き出したことにも感謝しています。なぜなら神は、ヴィンヤードとは異なる計画と働きを私たちに用意しておられたからです。神は、私がその働きを創設し、導くよう備えておられました。その働きには、何年も前に神が私の心に与えてくださった様々な思いが込められているのです。

その思いとは、国々へのビジョンです。

注

1. Graham Cooke, Developing Your Prophetic Gifting (Kent, England: Sovereign World International, 1994), 194.

2. Michael L. Brown, Let No One Deceive You (Shippensburg, PA: Revival Press, 1997).

3. Bill Hamon, Prophets and Personal Prophecy (Shippensburg, PA: Destiny Image, 1987), 17.

第四章　世界に広がるビジョン

一九九五年四月、ハーベスト・ロック教会はヴィンヤード教会連合に加盟しました。この加盟は生涯続くものと思っていました。新しい団体に加盟したり、別の団体を形成する意図はありませんでした。すでに存在しているものを、どうしてわざわざ作る必要があるでしょうか。ヴィンヤード教会連合は霊的刷新を愛していましたし、世界中に教会を開拓していました。故人となったジョン・ウィンバーは、アジアに五〇〇の教会を開拓したいと、個人的に話してくれました。その開拓のために、私に一肌脱いでほしいと言いました。それで私は満足し、ヴィンヤードの一員になったのです。その私たちがたった九ヶ月で抜けることになるとは、誰が予想できたでしょうか。

人生は完璧には行かず、将来は予測することもできません。人は変わり、団体も変わります。ヴィンヤード教会連合の指導者たちが、一九九五年十二月にジョン・アーノットとトロント教会に退会を要請したとき、私たちは自分たちも退会したほうが良いと思いました。ジョンにも私にも、もうヴィンヤードのＤＮＡが無くなったように思えました。そして**それならどこに所属すればいいのだろう**という思いになりました。

自分には霊的な守りと覆いが必要だと、ずっと信じてきました。今後もジョン・アーノットと、歩みをともにするのは当然のことと思っていました。ジョンは以前から独自の使徒的ネットワークを創設する計画を持っていました。そして遂にそれを実現し、「パートナーズ・イン・ハーベスト」と名づけました。トロントの教会が追い出されたとき、他の多くのヴィンヤード教会も教会連合を去りました。そして彼らはすぐさま、アーノット夫妻を指導者として仰いだのです。

トロント・リバイバルに影響を受けていた多くの単立教会も、パートナーズ・イン・ハーベストの立ち上げを聞きつけるや否や加盟しました。それぱかりか、私の場合、ジョンが直々に声を掛けてくれて、加盟を誘ってくれたのです。お膳立ては完璧でした。両者とも以前はヴィンヤード教会であり、リバイバルを愛していたからです。

ある意味ジョンは、私たちのリバイバル集会の生みの親でした。井の一番にパサディナ全市を挙げての集会を支援してくれたのですから。それぱかりか、私たちは短い間にアーノット夫妻を敬愛するようになり、親しい友人になっていました。

ジョンはパートナーズ・イン・ハーベストに関心のある牧師たちを集め、創立集会を行う計画をしていました。創立集会は、トロント・リバイバル誕生三周年記念式典に合わせて同日開催する予定でした。私は公式にパートナーズ・イン・ハーベストに加盟すべく、一月の式典に参加するため、カナダ行きの航空券を手配しました。

するとまた電話がかかってきて、カナダ行きを中止せざるを得なくなったのです。父なる神の御心だけを行うということは、そういうものです。

新しい使徒的ネットワークを告げる預言

このとき、親愛なる友人であり、主にある姉妹でもある、女預言者シンディ・ジェイコブスから電話がありました。以前彼女から、私が長年働いていた最初の宣教団体の脱退について、驚くほど正確な預言を受けたことがありました。一九九五年十二月末、その彼女から再び電話が来たのです。シンディは、私たちがもはやヴィンヤード教会ではなくなったことを耳にしていました。そして再び、力強い指示預言を語りました。その預言によって、私の働きの指標が変わることになったのです。

「チェ兄弟。あなたはもう、ミニストリー団体に加盟してはいけません。主は、あなた自身がミニストリー団体の父となるよう召しておられます。あなたがアブラハムとなり、あなたの腰から多くの霊的子孫が生まれてくるよう召しておられます。あなたはすべての大陸に子教会を持つようになる、と主は言われます。」

彼女の言葉が、私の心の中で爆発しました。何年か前、ワールド・マップの創立者ラルフ・マホーニーが私について同じことを語りました。今でも彼の言葉を書き写したものを持っています。私はマリアのように、彼の言葉を心の中で何度も思い巡らしたものです（ルカ二・19参照）。けれども私は不安に駆られ、彼の言葉が実現することから目を逸らしていました。ところがシンディを通して、また同じことを聞かされたのです。今回は、状況が違っていました。生涯ヴィンヤード教会という計画は、すでに崩壊していたからです。神に何か別の計画があるとは思っていましたが、まさか自分で団体を創設するとは思っていませんでした。

私は依然として疑いを持ったままでしたが、私のうちにある何かが、これは主の言葉だと語り掛けていました。そのことを家内や牧会スタッフに話すと、彼らもそれは主から来ていると言いました。同労者であるリック・ライト牧師は、彼自身預言者ですが、単にその言葉に従うだけでなく、ジョン・アーノットにも話すべきだと言いました。そういうわけで一月下旬、リックと私はパートナーズ・イン・ハーベストの式典に合わせてトロントに飛びました。式典に加えて、世界中から集まる牧師たちのために別の集会が計画されていました。彼らは世界の様々な地域に霊的刷新をもたらすネットワーク作りに関心があり、国際的な指導を受けようとしている人たちでした。

そのような集まりに参加できることは光栄でしたが、私は、ジョン・アーノットと面会するのを恐れていました。私たちがパートナーズ・イン・ハーベストに加盟できなくなったことを話すのは気乗りしなかったからです。過去の経験上、こういう場合、最終的には相手から拒絶されることになるとわかっていたからです。もしジョンが大らかな対応をしてくれると前もってわかっていたら、悩まずに済んだでしょう。

しかし私たちは、アーノット夫妻に主からの示しを分かち合いました。二人は主にある配慮をもって対応してくれました。働きをともにすることができないという残念な思いを語った上で、主の預言的な導きに従ってほしいと私を励ましてくれました。

今でも私たちは、アーノット夫妻ととても親しくしています。夫妻はトロントの教会で私たちに説教奉仕をさせてくれるだけでなく、世界中で奉仕をするときにも、同じ講壇で語らせていただいています。アーノット夫妻は、これまでに出会った人の中でも屈指の愛情と油注ぎに恵まれた方々です。神が二人を世界中で豊かに用いているのも、不思議ではありません。

今までも、そしてこれからも、トロントのリバイバルから発せられる父なる神の愛は、アフリカの最果ての地域から中国の地下教会に至るまで、地上の至る所で感じることができます。無数の教役者たちが、トロント・リバイバルを通して働く神の力で作り変えられています。また、霊的に飢え乾く多くの人たちが今もカナダに足を運び、祝福を受けています。

ハーベスト・インターナショナル・ミニストリー

私たちの使徒的ネットワークには名称が必要でした。繰り返しますが、私は神が名称を示してくださったのか、それとも私の霊が働いて思いついたのかについては、よくわかりません。しかし「ハーベスト・インターナショナル・ミニストリー」という名前がはっきりと閃《ひらめ》いたのです。次の二つの理由で、ミニストリーの名称として完璧に思えました。第一に、私たちは神が国際的な大収穫を起こすことを信じています。第二に、頭文字をつなげるとＨＩＭになります。私たちの目的はＨＩＭ（彼）、すなわちイエスご自身ですから、この名称は私たちのビジョンにピッタリだったのです。

私たちはこの名称が法的に問題ないかを調査しました。すると驚いたことに、カリフォルニアでこの名称を使っている団体はひとつもなかったのです。そういうわけで私たちは、非営利宣教団体として法人化しました。私がずっと想い描いてきたビジョンは、国々へ出て行き、御国の福音を伝えることでした。今それが実現しつつあるのです。

神は私の心に、ビジョンの実現方法も示してくださいました。新約時代の使徒的教会のモデルとして一世紀に登場したアンテオケ教会のイメージが、ずっと以前から私の脳裏に焼きついて離れませんでした。アンテオケ教会は、当時、未伝地として知られていた地域に教会を開拓するため、パウロとバルナバを最初の使徒チームとして派遣した教会です（使徒十三章参照）。アンテオケ教会は、複数の民族から構成されており、指導者の中には預言者がいて、礼拝や祈り、宣教に忠実な教会でした。

ハーベスト・ロック教会も同じ前提で始めました。教会は宣教のために存在すると、私たちは教えました。ビジョンは、教会開拓者を世界中に派遣することでした。またハーベスト・ロックが合衆国世界宣教センターのキャンパスに位置しているのは、神の摂理だと信じました。同センターの創設者、ラルフ・ウインター博士とロバータ夫人（両者とも故人）は、大宣教命令の多くの実をキリストの体にもたらしました。ご夫妻は、未伝のまま取り残されている民族に的を絞り、彼らを宣教の対象としました。

この先人の知恵によって私たちの優先課題は明確になりました。ハーベスト・ロック教会が最初に正式に派遣した使徒チームは、ジェイミー・ハリスとチホ夫人でした。夫妻は、アジアの未伝民族、二百五十万人のもとに遣わされました。安全上の理由から、彼らの働きに関してこれ以上のことはお話しできません。

未伝の人々が優先的に扱われるのは当たり前のことですが、既伝の国々に教会を開拓することも御心です。私たちは単純に聖霊の導きに従い、働きを進めました。

この使命を果たすため、神は他教会と協力するよう私たちに言明されました。地域教会として働くことによって、はじめて私たちは宣教の使命を果たせることに気づきました。しかし思いを一にする他の何百もの教会とネットワークを組めば、サタンの王国に対して深刻なダメージを加えるに十分な人的・経済的資源を得ることができます。私たちは神の働きの一部を担うだけでなく、その実現のための神の手段となりたいのです。

私のメンターであり、教会成長の指導者として国際的に評価されているC．ピーター・ワグナー博士は次のように述べています。

『教会成長のアナリストたちは、使徒的ネットワークを現代における一つの勢力として認識し始めています。世界を作り変える指導者や団体が台頭する中で、彼らは教会の群れや奉仕団体として、斬新な構造を確立しつつあります。』注1

まさにこれこそ、私たちが一九九六年十月にモット・オダトリアムで主催した「キャッチ・ザ・ファイヤー」という大会が、ＨＩＭの転機となった理由です。

大会が正式に始まる一日前に、私たちは単立教会をいくつか招いて集会を行いました。ＨＩＭのビジョンを分かち合い、ＨＩＭと使徒的な同盟関係を持つことに関心のある教会を募りました。すると驚いたことに、多くの教会が名乗り出たのです。

私はＨＩＭがこれほどまでに成長するとは、予想だにしませんでした。一組の宣教師夫妻をアジアの未伝地に遣わしたことに始まり、三十五ヶ国で五千を超える所属教会を有するまでになったのです。

この数字に含まれる所属団体の多くは、実際は数百の教会を監督する使徒団ですが、単体の組織として数えられています。ですからＨＩＭは、いくつもの使徒的ネットワークで構成されている使徒的ネットワークなのです。一九九六年以来、ＨＩＭがこれほど大きく成長した所以はそこにあります。所属している個々の教会は、私が直接監督しているわけではありません。個々の教会直属の使徒が監督しているのです。

神は新しいぶどう酒の革袋として数多くの使徒的ネットワークを興しており、ＨＩＭはその中のひとつにすぎません。私たちはその一部分であることに満足しています。それでも同じような思いを持つ真摯な世界変革者たちが次々に加盟してくるので、私にとっては驚きの連続です。私が恵みによって働きをともにしているのは、この上もなく素晴らしい世界変革者の群れなのです。彼らは御霊の導きによって歩み、謙遜で愛に満ち、燃える情熱を持っています。

紙面の都合と安全上の問題により、指導者たちやネットワークの名前を公表することはできません。しかし彼らは、インドの五〇〇の教会のネットワークであったり、タンザニアの五〇人や八〇〇〇人の教会であったり、四〇教会からなるグループであったり、南アフリカやフィリピンや世界の他の地域で奉仕するアメリカの使徒たちであったりします。これらの加盟者たちは、キリストのためにこの世界で御国を建設しているのです。（黙示録十一・15参照）

私たちは、単に教会を開拓するという当初のビジョンを凌駕《りょうが》して、順調に推移してきました。もし私たちが教会の壁の中だけに影響力を閉じ込めてしまうなら、私たちは天を地にもたらす働きの一部分しかやっていないことになりますし（マタイ六・10参照）、イエス・キリストの力を社会のあらゆる領域で表すことに失敗していることになります。

実際、今年のＨＩＭの大会では、親愛なる友人であるランス・ウォルノーを招聘《しょうへい》しました。ランスはキリストの体においてもビジネス界においても、文化刷新論で高い評価を得る権威ある講演家です。私たちはパサディナで行われるカンファランスに、世界中から指導者たちを集めました。彼らは教会の壁を越えて一般社会に伝道することの必要性だけでなく、そのために必要な知恵や、それが命令であることも学びました。

主は万物の神です。また主は「社会の七つの山」、つまり教育、政治、メディア、経済、宗教、芸術、娯楽、家庭の最前線に立っていると豪語する、人本主義的で利己的な人間にうんざりしています。[注2] 神の御心は「クリスチャンたち」をそれらの領域の最前線に立たせることなのです。

この戦略は、「**あらゆる国の人々を弟子としなさい。**」（マタイ二八・19）と命じている大宣教命令に直結するものです。大宣教命令は、単に福音を継承するだけでは成し遂げることはできませんし、ほんの数人を改心させても成し遂げることはできません。あらゆる民族の弟子化は、神の価値観が七つの社会的分野すべてに持ち込まれるとき実現するのです。

私たちがＨＩＭのメンバーひとり一人、また彼らの教会や家族に、それぞれの召しを真摯に受け止めるよう勧めている理由はそこにあります。有能なクリスチャンアナウンサーは、説教者と同様に奉仕者なのです。敬虔な女優が公の場で真理を証するなら、彼女は社会の変革者です。クリスチャンの夫婦が利己的な願望を捨て、貞操の誓いを忠実に貫いてこの世で神の国の価値観を実践するなら、彼らは社会の変革者です。ビジネスパーソンがソロモンの知恵によって不景気な経済界に神の支配をもたらすなら、彼は社会の変革者なのです。

この啓示のお陰で、ＨＩＭの働きは日々拡大しています。今やＨＩＭには、自国の議会で議員として成功を収めているメンバーが複数います。また自国の政府の頂点に立とうとしているメンバーも何人かいます。多くのメンバーの子供たちや教会員は、「社会の七つの山」のいずれかの分野において、より大きな影響をもたらすために研鑽《けんさん》しています。

神の山は他の山々よりも高くそびえるようになると主が語っておられるとおり（イザヤ二・2〜3参照）、委ねられた使命において、私たちが他者よりも高くそびえることを主は願っておられます。神は今、それぞれの国で私たちにお与えになったこの壮大な使命を、私たちに理解させせよとしておられるのです。救霊の働きは素晴らしいことですが、**諸国民の弟子化**はそれに優るものです。私たちはこれまでも揺るぎない決意もって臨んできましたが、それは今後も変わりません。

ニュー・アポストリック・リフォーメーション（新使徒的改革）

使徒的ミニストリーについて述べたC・ピーター・ワグナーの新刊書「アポッスルズ・トゥデイ／現代の使徒」の中で、ワグナーは、今は第二の使徒時代だと確信をもって論じています。新たな「使徒的改革」が起こりつつあると。彼はこの改革を、聖書に概説されている教会統治の新しい形態として位置づけています。ワグナーは、この動きを、いわゆる「教団」の働きとして見るべきではないと述べています。この新しい使徒的改革が真に意味しているのは、使徒主導のネットワークが明確に存在するということです。それらのネットワークは、プロテスタントによる宗教改革のように、社会とキリストの体に変革をもたらしているのです。注3

私は使徒の役割に召されていますので、私としてはこの変革を、キリストの体の歴史的な動きの中で見たいと思っています。聖書は、キリストの体は**「使徒と預言者という土台の上に建てられており、**

キリスト・イエスがその礎石《そせき》」（エペソ二・20）だと述べています。このことについてワグナーは次のように書いています。

『キリスト昇天以降の教会の成長と発展の中で、イエスがはっきりと望んでいるのは、ご自分が「土台」ではなく「礎石」であると知らしめることです。歴史を通じて、教会の土台は使徒と預言者によって構成されることになっています。また礎石は必要にして不可欠です。なぜなら礎石は、土台全体を支える主要な建築石材であり、建物に使われるすべての石材の配置を決める中心的な石だからです。もし特定の地域教会にイエスだけがおられて、使徒や預言者が「不在」だとすると、その教会には堅固な建築に不可欠な土台がないことになるのです。礎石と土台は互いに補い合うものであり、どちらか一方だけということはあり得ません。』注4

今は使徒と預言者が台頭する重要な時代です。この二つの職務の相乗効果のもう一つの見方として、ビル・ハモン博士の見解があります。博士は使徒について説明する際、しばしば「建築家」という言葉を用います。また預言者については、「建造物検査官」であると述べています。神の家が永遠の建物として堅固であるためには、両方必要であることがおわかりいただけると思います。

ワグナー博士は、デイビッド・カンニストラーチの著書「使徒と使徒的ムーブメントの台頭」の中で次のように述べています。『もし私たちが使徒の賜物を含むすべての霊的賜物を認め、受け入れ、受け取り、それらを用いて奉仕するなら、私たちは一世紀の教会の霊的バイタリティーと力とに近づくことができるのです。』注5

ワグナーは、現代の使徒を識別する方法のひとつは、多くの教会から指導者として頼りにされている人物を見つけることにあると考えています。通常それらの教会は、その指導者が直接または間接的に開拓に携わった教会です。あるいはそれらの教会は、様々なネットワークから使徒たちを連れ出して、特定の目的のために招集する能力を持っているのかもしれません。実例は、使徒の働き一五章で、ヤコブがエルサレム公会議を開催したことです。

C.ピーター・ワグナーは、ヤコブのような使徒のことを「横繋がりの使徒」(horizontal apostles)と呼んでおり、他の使徒たちを招集する使徒を指しています。注6　ワグナー自身が「横繋がりの使徒」です。ハーベスト・インターナショナル・ミニストリーは、ワグナーによれば「縦繋がりの使徒的ネットワーク」です。注7　前述したとおり、私たちはネットワークのネットワークです。この本を書いている今も、私たちは二十三人の使徒を任命して、世界の様々な地域にあるネットワークを監督させています。

率直に言って、私は自分のネットワークを形成するつもりはありませんでした。神の国を前進させるために、他の使徒たちの手にネットワークを委ねただけです。その結果として、神はそれらのネットワークを驚くほど祝福しました。もし私たちが「神の国と神の義をまず求める」なら、神ご自身がその人の使徒的ミニストリーを成長させ、影響力を拡大してくださるでしょう。

私はただ恵みによって神の働きに加わり、キリストの体に対して語り掛ける特権を与えられただけなのです。

注

1. David Cannistraci, Apostles and the Emerging Apostolic Movement (Ventura, CA: Renew Books, 1996), 188.

2. 「7つの山」の教えに関する詳細はランス・ウォルノーのサイトまで‥ http://lancelearning.com.

3. C. Peter Wagner, Apostles Today (Ventura, CA: Regal Books, 2007), 6-9.

4. Ibid., 11.

5. Cannistraci, 12.

6. Wagner, 79.

7. 同, 77.

第五章　癒しの信仰を引き上げる

「先生。友人が悪霊に憑《つ》かれてるみたいなんです！（ルカ八・27参照）彼女のところに行って、奉仕していただけませんか。」

私の心は沈みました。あれはパサディナ全市を挙げて行なった、二回目のリバイバル集会のことです。あの晩は千人余りの人々が集っていました。参加者たちはモット・オダトリアムの運動施設の床の上で、倒されたまま祝福されて喜んでいました。最後は集会の流れを変えて、霊的解放の祈りをしたいと思っていました。ところが韓国人バンドの学生たちが、助けを求めて私のところにやって来たので、急いでついて行くことにしました。

韓国人学生の奇蹟

学生たちは、ある韓国人の学生のところに私を連れて行きました。彼女は二十歳くらいで、明らかに何らかの霊的現象を起こして床に寝そべっていました。しかし私は、それは悪霊によるものではないと判断しました。聖霊の力に触れられて起きたものでした。彼女は震えながら、異言を語っていたのです。

私は学生たちに、悪魔のしわざではなく、神の主権的な御手によるものだと説明しました。私は学生たちに、彼女のそばに残って、彼女がさらに主の祝福を受けられるよう、祈ることを勧めました。

この現象が目新しいものだったために、悪霊のしわざだと思った人が大勢いたようです。しかしこの見慣れない現象によって人生が変えられたり、顕著な癒やしを受ける人がいたことから、間もなく私たちは、その現象が聖霊によるものだとわかりました。(マタイ十二・33参照)

その韓国人学生の場合、この見立てが正しいことが証明されました。何週間かが過ぎるまで、あの女性がどうなったかわかりませんでしたが、彼女の牧師が私に教えてくれました。その牧師は、教会員を全員モットに連れてきていたのです。そしてあの若い教会員のために一緒に祈り、彼女に起きた一部始終を目撃していました。

牧師は、彼女が重度の脊椎側弯症で、手術を勧められていたことを話してくれました。彼女がモットの床に倒れていた間に、神は新しい祈りの言語を与えてくれましたが、それだけではなく背中も癒やしてしまったのです！

翌週、レントゲンを撮った医師たちは唖然としました。彼女の背中がまっすぐになっているのが信じられなかったのです。レントゲン写真がほしかった彼女は、医師に頼みました。そして牧師のところに数枚のレントゲン写真を持ってきて、あの晩モットで祈ってもらった結果を見せました。それを見た牧師は、ミニストリーを通して起きている神の働きのために献金すべきだと感じたそうです。そしてモットでのリバイバル集会の支援にと、四千ドルの小切手をくれました。この癒やしは、今までに起きた数多くの奇蹟のほんの一例にすぎません。

多発性硬化症の癒やし

次はブレンダ・キンテーロの証です。左記は彼女自身の言葉です。彼女とご主人は、ＨＩＭ使徒団の牧師をしています。

『数年前、私はまるで死の宣告をされたような状況に陥りました。多発性硬化症（ＭＳ）と診断されたからです。この病気は、中枢神経系に症状が出る神経病です。体そのものが体を破壊し始めるのです。神経と筋肉が、一つまた一つと破壊されていきます。

この恐ろしい病を止めるため、病院が出来ることは何一つありませんでした。ストレスが掛かることは避けるようにアドバイスしてくれただけです。今の時代に生きていたらストレスを避けるなんて無理に思えますが、私は効果的にストレスを管理しようと努力しました。

不動産仲介人である私は、顧客に物件を紹介しなければなりませんでしたが、とうとうそれすらもできなくなってしまいました。右足を引きずるようになってしまったからです。そのうち会社の階段を上り下りすることも困難になったため、私のデスクを一階に移してもらいました。こうして病と闘っている間、サタンは繰り返し囁きました。

「お前は神に逆らったのだ。お前は神でないものを第一にした。イエスはお前のために死んだというのに、お前はその死をないがしろにしたのだ。お前は治らない。お前には神の憐れみを受ける価値がないのだ。」

サタンの言葉は、時によって多少の違いはありましたが、云わんとしていることははっきりしていました。私は新生したクリスチャンで、神が癒してくださると心から信じていましたが、段々と諦めるようになり、訴える者の偽りを受け入れるようになりました。自分は神の憐れみと癒やしのわざに値しない人間なのだと。

そのような偽りの思いを持ちながら二年が過ぎたとき、恵みを受けるために神の前に完璧である必要はない、ということに気づきました。神は私のうちに変化をもたらし始めました。毎晩のリバイバル集会を通して、主が愛とご臨在を豊かに現してくださり、日々御言葉を与えてくださったからです。私は力づけられ、私の歩みが完全に神によって支配されるよう祈ることができました。それと同時に、反抗的であったことを認めました。主は私の深い部分をきよめてくださり、聖霊の働きを増し加えてくださいました。神に従うようになって数ヶ月したとき、臨在はますます深まり、よりはっきりと現れるようになりました。ボーンアゲンしていたクリスチャンが、さらに生まれ変わったような感じでした。

内側には変化がありましたが、体には何の変化もありませんでした。それどころか、症状は重くなっていくようにすら思えました。特に調子の悪かった或る日のこと、私はモット・オダトリアムで行われるリニューアル集会に出るため、主人に支えてもらいながら入場しました。説教を聞いていると、右足が痙攣してとまらなくなりました。

この忌まわしい状況を取り除いてくださいと、私は主の前に叫びました。あとで仲良しの友人が話してくれたのですが、私が叫んでいたとき、「癒やしは、もっとも栄光が現れる状況で起こる」と示されたそうです。すぐに私は、多発性硬化症の進行段階について考え始めました。まずは杖が必要になり、次に車椅子が必要になり、最後は寝たきりになると。劇的な癒やしというのは、寝たきりになってからのことだろうと思い、私は覚悟しました。

その二日後の集会で、片方の目が全盲で、もう片方も部分的にしか見えないという女性が癒されました。主の力が働いているのを目の当たりにし、驚くべき聖霊の油注ぎを感じた私は、その瞬間、夫に頼んで祈ってもらいました。私は聖霊の力によって床の上に倒れ、数分間そのまま横になっていました。周囲の人たちにも同じことが起こりました。

間もなく私は起き上がり、祈りのチームの一員として集会に来た人たちに仕えるため、その場を離れました。以前に何度か祈ってもらったときと同じで、私は特に何の変化も感じませんでした。

その夜、十一時頃に祈りの奉仕を終えると、主がとてもはっきりとした声で私の霊に語りました。

「靴を脱いで走りなさい。」

私は問答しました。癒やされていないのにそんなことをしたら、前のめりになって倒れてしまいますと。ところが繰り返し「靴を脱いで走りなさい。」と言われてしまい、私はやってみることにしました。靴を脱いで全速で走ったのです。

嘘のようでした。倒れることもありませんでした。夫のところに戻る前に、なんと私は、オダトリアムの中を二周も駆け回ったのです。私は息を切らせながら、「あなた。私、癒やされたと思うわ！」と言いました。夫から、もう一度走って見せてくれと言われ、その通りにしました。私たちは、その出来事をみんなに話し始めました。奇蹟でした。主が私を癒やしたのです。

病気の時との違いは、言葉に尽くすことはできません。二日前だったら、自宅の中を歩いただけでも、思いきり倒れていたはずです。それが今では、走れるのです。何年間もできなかったことができたのです。私は笑いながらスキップし、飛び跳ね、走り、主の前で踊りました。なぜなら敵が敗北したからです。私は完全に変えられました。体も魂も霊もです。神の憐れみが勝利しました。主が私を癒やしたのです。主を賛美します！』注1

この癒やしが起きたのはリバイバルの初期でした。私は声を大にして報告します。ブレンダが癒されてから何年もたちますが、彼女は今も元気です。そしてブレンダのＣＴスキャンの映像には、多発性硬化症は見出されていません。

ハーベスト・ロック教会で多発性硬化症が癒された事例は、ブレンダだけではありません。主に栄光あれ！　他の人たちも、信仰による癒やしを待ち望まなければならなくなりました。しかしその人たちの癒やしも、モットで起きたのです。

その他の顕著な癒やしの事例

そんな奇蹟のひとつはルイスに起こりました。イースターの朝、祈りの列に並んでいた彼は、私のところに来ました。はじめは、彼が手に包帯を巻いて吊っていたので、手首を怪我したのだろうと思っていました。私は彼に怪我の具合を尋ねました。

彼が言うには、週末に事故に遇い、指の第二関節から切断してしまったとのことです。指は完全に切り離されてしまったため、再接着できなかったそうです。

災難は、ルイスが庭で垣根の手入れをしていたときに起こりました。彼の十代の娘さんが彼を手伝ってくれたのですが、残念なことに、娘さんが気づかずに剪定《せんてい》ばさみでルイスの指を切ってしまったのです。

しかしルイスは、祈りの列に並びながら驚異的な信仰を示しました。「先生。私は神が、指を元通りにしてくださると信じてるんです。先生も一緒に信じていただけませんか。」

私は同意し、彼のために最善がなされることを願いました。

二ヶ月後、私は礼拝後の祈りの列でルイスに再会しました。正直な話、私はルイスのその後について完全に忘れていました。指が生えるとは思わなかったからです。私は、彼がまた祈ってもらいに来たのだろうと思いました。

彼が近づいて来ると、顔に笑みが浮かんでいました。私の前まで来ると、彼は腕をもたげて真新しい指を見せたのです。指には新しい爪床まであるではありませんか！　私はその場で不信仰を悔い改め、一緒に奇蹟を喜びました。なお素晴らしいことに、事故以来、罪悪感に苛まれていた娘さんが、神の再生能力を目の当たりにして主を信じたのです。

奇蹟を求めて神に信頼する

　これは本当のことですが、リバイバルが起きてからの三年半で癒やされた人の数は、それ以前の二十一年間のミニストリーで癒やされた人の数を上回っています。現在、リバイバルが始まってから十五年たちましたが、まだ序の口だと思っています。神の御心は、すべてのクリスチャンがこのような癒やしの力を用いて働くことだと確信しています。何よりもイエスご自身が、「**信じる人々には次のようなしるしが伴います。**」と言っておられるではありませんか（マルコ十六・17）。つまり「すべての信者」ということではありませんか。

　過去二十年間、私たちは数多くの無名のクリスチャンたちの物語を耳してきました。有名な霊的巨人ではなく、ごく普通の信者が主に用いられたという証です。まさに今、それが起きています。神のわざに乗り遅れることがないようにしてください。それには信仰と信頼が必要です。また肉の努力をやめなければなりません。癒やしを行うのは神ご自身であって、あなたはそれを流す管にすぎないからです。それを忘れないでください。

　次に挙げる預言の言葉は、数年前にシンディ・ジェイコブスが主宰する「ジェネラルズ・インターナショナル」のニュースレターに掲載されたものです。ぜひ、この言葉を励みにしてください。

『今はわたしの教会にとって、とても重要な時です。わたしの栄光を未曽有《みぞう》の尺度で注ごうとしているからです。サタンは恐れおののき、必死になってあなたがたにわたしを疑わせようとしています。栄光と奇蹟の波が、世界中に注がれようとしているからです。しるしと不思議が教会に押し寄せます。滴《したた》る程度ではなく、洪水のようにです。奇蹟の洪水です。あなたがたは死人が蘇るのを見るでしょう。耳の聞こえない者が聞こえるようになり、目の見えない者が見えるようになります。再び救急車が教会に人を運んでくるようになります。わたしは、不可能を可能にする神だからです。わたしの言葉を信じなさい。不信仰に宣戦布告し、洪水のように押し寄せてくる奇蹟的なわざを受け取る備えをしなさい。そのわざによって、何千もの魂が神の国に入るからです。』注2

まったく同感です。今こそキリストの体は不信仰に宣戦布告し、奇蹟的なわざを求めて神に信頼すべき時です。苦しみの中にある者たちの代理として信頼すべきですが、失われた者たちのためには尚更そうすべきです。奇蹟としるしと不思議は、救霊のために神が用いる強力な道具だからです。そして「ひとりの人がキリストを信じることこそ、奇蹟中の奇蹟」です。私たちは今、教会史上未曽有の霊的大収穫の初期段階に来ていると思います。このリバイバルは、失われた魂を勝ち取る力を聖霊が解き放つことによって起きています。私はハーベスト・ロック教会の初期の頃、このリバイバルが始まるのを目撃しました。

しるしと伝道は、すべてのクリスチャンに委任されています。信者はおのおの、自分の立ち位置でこの世にキリストを証するよう召されています。それはとりもなおさず、さまざまな方法で毎日奇蹟が行えるように、私たち全員に神の力が与えられていることを意味するのです。

牧師であり親しい友人でもあるビル・ジョンソンのお気に入りの言葉はこれです。

「超自然的な生活というのは、それが自然になるまで慣れ親しむべきだ。」

今まさに、それが現実になっています。私たちの教会には、聖書に書かれているとおりに神を信じる人々が何百人もいます。彼らの奇蹟の証がそれを物語っています。私は癒やしの祈りに関しては、癒やしの伝道者と同じくらい、彼らに信頼を置いています。

もう一つの素晴らしい証は、教会員宅で行われているホームグループ（小集会）に関するものです。紙面の都合上、最終段階の証だけを掲載します。

『アイリーンはギランバレー症候群で苦しんでいました。筋肉を動かす運動神経の障害のため、急に手や足に力が入らなくなる病気で、痛みも伴います。アイリーンの場合、慢性炎症性脱髄性多発神経炎も併発していました。これは、ギランバレーに関連する神経系の炎症性障害です。これらの病気がアイリーンの体、特に心臓に対して深刻な負担をかけていました。

何年間も癒やしを求めて忍耐したため、アイリーンの信仰は弱り、諦めかけていました。ある日、主がホームグループに参加するよう、アイリーンを促しました。集会の場所は、彼女の自宅から通りをまっすぐ行ったところにあり、集会はハーベスト・ロック教会のメンバーが導いていました。

アイリーンは痛みに苦しみながら、近所にあるメンバーの家にようやくたどり着きました。そのときに祈ってもらった祈りの素晴らしさが忘れられないとアイリーンは言います。塗られた油と御霊のかぐわしい香りが彼女の体中を包みました。初めアイリーンは、病気が改善されたようには感じませんでした。来た時と同じように、その晩も苦しみながら帰宅したからです。それでも霊的な励ましと刷新を受け、神が癒してくださるという信仰が与えられました。

翌朝アイリーンは、ベッドから起き上がるため、両足をゆっくりと床に下ろしました。すると、痛みが全然ないではありませんか。彼女は自分の足をつっいてみました。それでも痛みは感じません。こんなことは何年ぶりでしょうか。アイリーンは立ち上がって、走り始めました。そして大声で泣き始めました。癒やされたことがわかったからです。彼女の子供たちが、何事かと部屋に飛び込んできました。

「お母さん、治ったのよ！」とアイリーンは叫びました。

そのあと彼女はお隣のプールに走って行き、飛び込んで泳ぎ始めました。アイリーンは有頂天になりました。なぜなら、長年できなかった動きができたからです。彼女の娘も有頂天でした。アイリーンは、娘さんの喜びの表情は何物にも代えがたいものだったと言っています。娘さんは、病床についてばかりで何もできないアイリーンの姿しか見てこなかったからです。

神は偉大なり！

超自然のわざに対して前向きになる

読者が超自然的なミニストリーを始めるための実践的な方法をご紹介したいと思います。しるしと不思議と奇蹟を、これまでとは違う尺度で行なっていくためです。

第一番目の方法は、本書の副題である「超自然的な明け渡しと有意義の中を歩む」と深く関係しています。読者は**有意義**（なもの）にすべてを**明け渡す**必要があります。自分の力で「努力」するのをやめなければなりません。そして、あなたの努力を実らせることができるのは、神だけであることに気づく必要があります。また神に用いていただく点において、自分は「特別」なのだろうかとか、「有能」なのだろうかと不審に思うことをやめなければなりません。あるいは自分には超自然的なわざを行うための適性があるだろうかと疑ってはなりません。「主にある働きのために神があなたを選んだ」ことを確信し、その思いが揺るがないよう固く保ってください。それだけです。イエスが父なる神に服従したように、あなたもイエスに服従してください。そうすればあなたを通してわざが起こります。

霊的洞察

一・神の川の中に浸りきってください。私が言っているのは、エゼキエル四七章にある預言的な体験のことです。主の御使いは、エゼキエルを神の川の中に導きました。それも渡れないほど深いところにです。

彼がさらに一千キュビトを測ると、渡ることのできない川となった。水かさは増し、泳げるほどの水となり、渡ることのできない川となった。（エゼキエル四七・5）。

川は聖霊を象徴しています。あなたの人生とミニストリーを聖霊に支配していただくのです。川の水深が足首までの場合、主導権はまだあなたが握っています。水が多少深くなり、膝のところにきた場合も、自分の力で川を渡れる状態です。水が腰の深さに来ると、水流に押されて川を渡るのが困難ではありますが、主導権はまだあなたにあります。

しかし御使いは、エゼキエルがもはや渡ることのできない深さにまで導いていきます。これこそ、神が望んでいる状態です。人生のあらゆる領域において、聖霊が完全に主導権を握っています。このような状態になるまで聖霊が歓迎され、もてなされているなら、聖霊の力が強く現れ始めます。

この川の力強さのゆえに、川の両岸には木々が立ち並び、その実は食べ物となり、その葉は薬（癒やし）となるほどです。

川のほとり、その両岸には、あらゆる果樹が生長し、その葉も枯れず、実も絶えることがなく、毎月、新しい実をつける。その水が聖所から流れ出ているからである。その実は食物となり、その葉は薬となる。（エゼキエル四七・12）

ルカ五・17「**イエスは、主の御力をもって、病気を直しておられた**」は、イエスの力強い奉仕について教えています。読者の歩みや家庭、教会には、主の御力が現れていますか。神の川に入り、神の川に留まりましょう。霊的に、肉体的に、精神的に、その水の中に飛び込んでください。そうすれば主は、驚くほど素晴らしいことができます。あなただけでなく他の人たちも同伴してください。
二．超自然的な癒やしを求めて闘ってください。私が「闘う」と言っている理由は、あなたにヤコブのようであってほしいということです。彼は祝福を受け取るまで、天使を去らせませんでした（創世記三二・22～29参照）。ビル・ジョンソンは「ベテル教会が無癌地帯になる」と使徒的宣言をしましたが、私たちもそれに倣いました。私も同じような宣言をしたところ、目を見張るような結果が現れました。闘うというのは、私は信仰の戦い、目に見えない霊の戦いのことを言っているのです。そうすることにより、神が超自然的に病人を癒やせるようになるからです。
三．信仰によって歩んでください。神は、「すべてのクリスチャン」が奉仕の働きのために整えられることを望んでいます（エペソ四・11～12参照）。監督であるビル・ハモンは、その成就を「聖徒の日」と呼んでいます。注3
　これまでも繰り返し述べてきたとおり、すべての信者が神に用いられない限り、世界にいる十億人余りのイスラム教徒に伝道し、神の国を前進させることはできません。神はひとり一人の信者を用いて、病人を癒やし、悪霊を追い出し、死人を生き返られせたいと思っておられます（マタイ十・7、マルコ十六・17〜18参照）。すべての信者に尋常ではない権威が主イエスによって与えられています。（ルカ十・19、マタイ二八・18〜19参照）

事実、御国の最も小さい者でもバプテスマのヨハネよりも偉大なのです（マタイ十一・11参照）。そしてヨハネは旧約のすべての預言者の中で最も偉大でした。ヨハネは、死人を生き返らせたエリシャよりも偉大だったのです。尋常ではないしるしと不思議を行った、モーセやエリヤよりも偉大だったのです。私たちは私たちが信じている神がどういうお方であり、キリストにあって私たちがどのような者であるかを知る必要があるのです。

ウインキー・プラットニーという世界的に有名な働き人であり説教者、また著作者であり私の親友が、私の言いたいことを代弁する実話を教えてくれました。

ウインキーの知り合いでカンザス・シティ郊外に住んでいる夫婦の話です。二人は結婚に危機的な状況を経験していました。結婚生活のストレスを和らげるために、夫人はジョギングに出かけました。走っていた夫人は、男性がトウモロコシ畑の中に立っているのを見ました。二人の視線が合いましたが、お互い何も言いませんでした。

何キロか走った後、夫人は折り返して家に向かいました。するとまた同じ男性がトウモロコシ畑にいました。今度は男性のほうが夫人に話しかけました。彼は言いました。

「わたしが誰かわかりませんか。あなたは、自分が何者かわからないのですか。この二つの疑問に答えが出せたら、あなたにとって困難なことはひとつもなくなるでしょう。」

そう言うと、彼女の目の前で男性は姿を消しました。夫人は、イエスが現れたことに気づきました。

そうです。あなたは、もの凄いの存在なのです！

注

1. Che Ahn, Into The Fire (Ventura, CA: Regal Books, 1998), 78-81.
2. 同 85-86.
3. Bill Hamon, The Day of The Saints: Equipping Believers for their Revolutionary Role in Ministry (Shippensburg, PA: Destiny Image, 2005).

第六章　しるしと不思議による伝道

リバイバルに働く神の力を見たことにより、神の救霊の力に関して、まったく新しい見解が与えられました。アキコのお陰で、私の伝道方法がこれまでのやり方とは一変したのです。

ある未信者の神体験

アキコは気が進まない面持で、日曜礼拝に参加しました。彼女は若い日本人女性です。別の日本人学生に誘われてやって来ました。アキコの友人はフラー神学校の近くにある大学に通っていた関係で、数日前に素晴らしい聖霊体験をしていたのです。モット・オダトリアムに来て聖霊に満たされた彼は、異言で語り始めました（使徒二・4参照）。これには彼自身、とても驚いていました。彼は以前、カリスマ派を嘲笑っていたので、まさか自分がそうなるとは夢にも思っていなかったのです。

はじめてアキコに会ったとき、私は彼女に英語が話せるかと尋ねました。アキコの答えは、「少しだけ」でした。私がアキコにイエスを信じたいかと尋ねると、彼女は躊躇しながら答えました。「いいえ、無理です。父は神道で、母は仏教徒ですから。」

私はわかったと言いました。私は日本を訪問したことがあり、いろいろな国籍の友人を持っているので、日本のクリスチャン人口が一％に満たないことを知っていました。その理由のひとつは、日本では社会規範に素直に従う慣習があることです。クリスチャンになることが、その規範に反することは明らかです。入信するということは、その人の家系的かつ文化的伝統を拒絶することになるからです。

日本には「出る釘は打たれる」という諺があります。ですから両親がクリスチャンではないので自分もなれないとアキコが言ったとき、私は納得しました。そこで私は、祝福の祈りをさせてもらえないかと尋ねました。アキコは承諾しました。日本人の多くはキリストを受け入れないかもしれませんが、私が知る限り彼らは非常に礼儀正しい民族で、祈りを拒むことはまずありません。神がこのチャンスを逃すことはありません。社交辞令にすぎないと思える状況でも、神は働くことができるのです！

日本人に奉仕するときは、静かに祈ってあげるのが一番いいと思います。アキコのために祈ったときも、私は聖霊が彼女にイエスを啓示してくれるよう祈っただけでした（エペソ一・17参照）。私が祈り始めるや否や、聖霊が彼女に降りました。アキコは床に頽《くずお》れ、二〇分間ほどそのまま横になっていました。私は多くの人が御霊の力によって倒されるのを見てきましたが、思えばその人たちはみなクリスチャンばかりでした。「これは面白い。未信者が御霊の力で倒れるなんて！」と思ったのを今でも覚えています。

アキコはしばらくの間、主の臨在の中で安らいでいました。しかしアキコが余りにも長い間身動き一つせずに倒れているので心配になり、彼女のところに行って、膝まづいて声を掛けました。大丈夫かと尋ねると、アキコは首を縦に振りました。

「アキコ。イエスさまは君に現れてくれたかい?」と尋ねると、彼女はまた首を縦に振りました。見るからに神の臨在に満たされているのがわかりました。それで私は、アキコがイエスを信じるのではないかと思い、尋ねてみました。「イエスを信じて、弟子になりませんか?」

アキコは首を縦に振りました。私は彼女の上体を起こし、ともに罪人の祈りを祈りました。新しいクリスチャンの誕生です。それ以来アキコは、家族の反対にもめげず、主に忠実に歩んでいます。

今回のことで学んだことがあります。それは、必死になってアキコを説得しなくても済んだことです。熱意と知恵の限りを尽くして、イエスがブッダよりも優ることを弁証することができたかもしれません。しかしそうしたとしても、アキコの心をイエスに向けることはできなかったでしょう。

人間的な知恵で語り、アキコが精神的なプレッシャーを逃れるために、あるいは私に失礼だからという思いのゆえに、受け入れの祈りをしたかもしれません。しかし、それでは本当に信じたことにはならないと思うのです。しかし聖霊の愛、臨在、力を体験したことにより、アキコは心を開いて本心で応答することができました。アキコには、もはや躊躇《ためら》いはありませんでした。彼女の情熱的な応答を見れば、それが人間わざではなく神わざであることは明らかです。

伝道哲学の変化

この体験は、私の伝道哲学を根底から変えてしまいました。アキコと出会う前は、普通に福音を語り、キリストを受け入れるか拒否するかを相手に選ばせるだけでした。私にとっては白黒はっきりしていて、至極当たり前のことでした。詰まる所、人間はみな罪人であり、救いは神のほうから差し出されているものだからです。

私は、未信者に純粋な聖霊体験をさせることと、彼らをキリストに導くことの間には、何の境界線もないことを実感しています。この考え方は、「力の伝道」にまったく新しい知恵をもたらします。「力の伝道」という用語は、故人であるジョン・ウインバーによって広められました。ジョンはヴィンヤードグループを導き、信者たちを訓練して、福音をより効果的に伝えられるようにしました。力の伝道という概念は、救いそのものを伝えることに留まらず、それに伴うしるしと不思議を広めることに貢献しました。

力の伝道は、イエスや使徒パウロも用いました。パウロは言明しています。「**私のことばと私の宣教とは、説得力のある知恵のことばによって行なわれたものではなく、御霊と御力の現われでした。**」

（第一コリント二・４）

神は人を改心に導くとき、常に聖霊の力が介入することを念頭に置いていました。私たちに御霊が与えられているのはそのためです。「御霊による満たし」は自分自身の啓発や成長のためだと私は信じています。しかし同時に、御霊が「私たちの上」にやって来る目的は、伝道して人々の生活にインパクトをもたらすためだと信じています。

一言で言うと、力の伝道は、奇蹟や癒やしなどの力ある方法によって、未信者が神の力を目撃したり体験したりして、福音を真剣に受け入れるときに起きるということです。[注1] C.ピーター・ワグナーは、胸を張って次のように主張しています。「現代において、世界的に最も効果的な伝道には、超自然的な力の現れが伴っています」。[注2] 私は個人的に、初代教会時代におけるキリスト教の広範な拡大は、力の伝道の結果だと思っています。力の伝道は新しいことではありません。本来はもっと頻繁に行われるべきものなのです。

私はどのような伝道も大歓迎ですし、伝道という大義に献身的である人は誰であっても称賛しますが、救いに繋《つな》げるのに最も効果的なアプローチは、パワーエンカウンター（力と力のぶつかり合い）によるアプローチだと思います。神の力によるアプローチは、聖書と同じくらい古い歴史があるわけですから、現代においても聖霊が導く最先端の伝道方法であることは、疑問の余地がありません。

しるしと不思議を体験したことによって、人々が福音を信じる光景を私たちは繰り返し目にします。使徒の働きを見てください。未信者の目から鱗が落ちるのは、彼らが神の力を体験したり目撃したときではありませんか。第二コリント四・４にはこうあります。「この世の神が不信者の思いをくらませて……福音の光を輝かせないようにしているのです」。ピリポやペテロによってサマリヤの街で起きたような癒やしや奇蹟を未信者が経験すると（使徒八章参照）、彼らの霊の目が開かれて救いが起こるのです。

それでも私には、まだ問題が残っていました。それは私が、力の伝道の効果を過小評価していたことです。私は、力の伝道の効果が及ぶのは、奇蹟や癒やしを目撃したり、体験した時にだけだろうと思っていました。しかし、不信者が他の方法によっても聖霊の臨在や力を体験できることに気づきました。そしてそれによって、彼らの心が福音に対して効果的に開かれたのです。私がやらなければならないことは、ひとつだけでした。聖霊が人々にイエスを啓示してくださるよう、お願いすることです。あとは聖霊の仕事でした。

自分自身の救いでもそうだったように、救いというものは人間側の善良さとか努力とか、救われた後に「巨大なミニストリー団体」を運営するようになるとか、特別な「召し」があることなどとは無関係です。救いは贈り物だからです。神はすべての人が神を知るようになることを望んでいます。ですから主は、私たちが信仰に立ってお願いするなら、私たちの願いを尊重して、聖霊によって未信者にご自身を現してくださるのです。

暗闇の力を制する

私が云わんとすることを、うまく説明する実例がもうひとつあります。夏休み留学で日本から来ていた二人の高校生が、私たちの教会の日曜礼拝にやって来ました。仏教の実践者である二人は、キリスト教会に行ったことは一度もありませんでした。二人のホストをしていたのがハーベスト・ロック教会のメンバーだったため、二人を礼拝に連れてくることにしたのです。

私は礼拝の前に、この二名の少女たちとホストに会う機会がありました。私はホストに、礼拝の終わりにある個人奉仕の時間に、二人を会場の前方に連れてくるように勧めました。もし二人が聖霊に触れられれば、二人はもっと福音に心を開くに違いありません。私は二人にその機会を掴《つか》んでほしいと思いました。

礼拝の後わりに、ホストと二人が私のほうに来るのが見えました。日本人のメンバーで通訳者のヨシを介して、祈ってもいいかと二人に尋ねました。二人とも首を縦に振りました。二人が単に礼儀正しいだけかどうかは気にしませんでした。なぜかというと、私が祈ると聖霊が二人に降《くだ》ったからです。二人とも体が揺れ始めました。特にひとりのほうが大きく揺れていました。

途中で、悪霊からの強い妨害を感じました。そこでヨシを介して、二人の宗教的背景を聞きました。すると両名とも仏教徒だと答えました。サタンは未信者の目を晦《くらま》せます。そのような状況を考慮して、私は暗闇の力を縛ることにしました。暗闇の力が働き、二人がイエスを信じないようにしていたからです（マタイ十六・19、十八・18参照）。そのあとで私は、神がそれぞれに主の愛を注いでくださるよう祈りました。

二人が聖霊の臨在に豊かに包まれているのがはっきりとわかりました（ルカ一・35、九・34参照）。二人のためにイエスが死んでくださったことを簡潔に話し、イエスを信じるかどうか聞いてみました。二人とも「はい」と答え、クリスチャンになりました。

アキコのように、受け入れの祈りの前に聖霊の力によって倒れることはありませんでしたが、ひとりはキリストを受け入れた後に倒れました。しかしどちらも聖霊の力と臨在を体験し、両名にとって福音が現実的なものとなりました。救いに関する説明を聞いた時点では、二人の心はすでにキリストに向いていたのです。

福音の真理を伝える

私が強調したいのは、「福音の真理ははっきりと言葉で伝えなければならない」ということです。しかし、まずは聖霊の力を体験してからのほうが、イエスを受け入れる確立が高いと思います。

私の理論は、力によって主と出会うことにより、キリストを信じる妨害をしている霊的な力が、初めに砕かれてしまうというものです。そのあと神の愛が現されます。パウロは「**神の慈愛があなたを悔い改めに導く**」（ローマ二・4）と言っています。神の慈愛を感じさせることに優る方法があるでしょうか。教えられるよりも、感じるに限ります。

ハーベスト・ロックにおけるリバイバルの一年目に、この教会だけで五〇人ほどが主を信じました。その人たちは、（たとえば日本や中国の仏教徒などのように）これまで伝道が難しいと言われてきた人たちです。しかし彼らの頭の上に手を置き、聖霊に来ていただいてイエスを啓示してもらえるように祈ると、状況は一変します。これまでの年月《としつき》にそのような形で救われた人の数は、世界中で数千人に上ります。ひとりの人間を通して、神はそれほど力強く働くことができるのです。

力の伝道は確実に効果が期待できる

多くのミニストリー団体がこのやり方に倣《なら》っています。恐らく最近よく知られているのは、ローランド・ベイカーとハイディー夫人によるアイリス・ミニストリーズの働きでしょう。数年間、二人は自分たちだけで奉仕をしていましたが、ほとんど実を見ることができませんでした。ハイディーは組織神学の博士号を持っているので、どちらかと言えば彼女のほうが辛かったのではないでしょうか。トロントでのリバイバルの話を聞いて、ローランドとハイディーは、神をより深く体験するためにカナダに行きました。

かつてハイディーは、カナダで信じられないような体験をしたことがありました。それ以降、彼女の人生は変えられてしまいました。そのとき彼女は、御霊と重厚なご臨在とによって圧倒され、七日間朝から晩まで床に「接着されていた」そうです。それによってハイディーとローランドは、完全に作り変えられました。

二人がモザンビークのミニストリー団体に戻ると、やること成すことすべてにおいて、神の力が当たり前のように働きました。二人は古びた軽トラックにジーザス・ビデオを積み込み、まだそれを見たことのない村人を見つけては見せてあげるのです。そのあとで病人や目の不自由な人、時には、死んでしまった人まで招いて癒やしを行っています。

そうすると神が働き始め、村々が救われていきます。私は自ら引率してモザンビークにチームを連れて行き、ローランドとハイディーに協力しています。特に二〇〇六年以降は、毎年それを行っています。あるとき、妻のスーと私は、ハイディーや彼女のチームと一緒に、草原の奥にある人里離れた村に奉仕に行きました。私たちが力強い霊的解放の集会を行うと、村人のほとんど全員から悪霊が出て行きました。その中には、酋長と呪術師も含まれていました。控えめに言っても、その二人はイエスを信じ、村全体がキリストを信じました。そしてその村には教会が建ちました。

私たちがその村に入るときには、そこに住むイスラム教徒に石打にされる危険性がありましたが、帰るときには英雄になっていました。石打にする代わりに、村の農園でとれた野菜をたくさん持たせてくれました。ハイディーとローランドのミニストリーは二十年間余り実質的に不毛でしたが、二年か三年のうちに八千余りの教会を抱えるようになっています。二人は毎日何千人もの人々に食糧を与え、数千人の孤児を世話しています。二人はアフリカ全土にミニストリー団体を持っており、インドやその他の地域にも拡大しています。神の愛が、野火《のび》の炎のように燃え広がっているのです。私は未だ嘗《かつ》て、このような働きは見たことがありません！

笑いのリバイバル

聖霊が働くよう祈り求めることによって、困難を極める状況が変わってしまう場合があります。次に紹介する証は、それを物語っています。そのような変化が起こるのに、肉体の癒やしや、車椅子からの奇蹟的な解放は必要ありません。心に力強く触れていただくだけでよいのです。

リサは感情を表さない子でした。彼女は十五歳の韓国系アメリカ人の少女で、ラスベガス周辺でギャングをしている友だちを持ちながら育ちました。リサは二度、銃で撃たれたことがあります。すんでのところで体をかがめ、銃弾が頭の真上を飛んで行ったこともありました。母親はリサをどう扱ったらいいかわからず、ワシントン州のシアトルにいるリサの叔母に彼女を預けました。リサはどうにも言うことを聞かない、と叔母さんが怒りと絶望を露《あらわ》にしていたのを覚えています。リサは反抗的で、コカイン中毒でした。薬に溺れ、ギャングの間で流行っていたラップミュージックに陶酔していました。私は、夕方に行なっているミニストリーにリサを連れ来るよう、叔母さんに言いました。

その晩私は、韓国人クリスチャンのスモールグループで説教をすることになっていました。リサが部屋に入って来れば、この娘がリサだとはっきりわかります。まるで痛みのある親指のように目立つからです。そのときも彼女は、ダブダブした服を着てギャング風の恰好をしていました。強《こわ》ばった顔は暗い雰囲気に覆《おお》われ、とても十五歳には見えません。まるで人生に疲れた大人のようでした。

リサは、その集まりの中でただ一人の未信者でした。説教の間も私は彼女に意識を向け続け、誠心をもって語り、集会の最後の救いの招きに応答してくれることを願いました。

救いの招きをしたものの、リサは応じませんでした。しばらく後で奉仕の時間を持ち、私は参加者たちが聖霊に満たされるよう祈りました。人々は聖霊が臨むと床に倒れ、神の臨在が臨んでいるしるしとして、震えたり痙攣《けいれん》したりしていました。

このような状況でリサが何を考えているのか気になり、思い切って彼女のところに行ってみました。自己紹介と挨拶をしてから、イエスを信じるかとリサに聞いてみたところ、まだ心の備えができていないと答えました。私は正直に答えてくれたことを感謝しましたが、祝福の祈りをしてもいいかと尋ねました。「好きにしなよ」という無関心な返事でした。リサは退屈したようで、できるだけ早く退散したい様子でした。彼女に詰め寄って不快感を与えないように、少し離れたところに立って祈ることにしました。「イエスさま、どうかリサに、あなたが愛していることを啓示してください。」と静かに祈りました。

私がそう言い終わるや否や、リサは笑い始めました。はじめ私は、私のことか、祈った内容かがおかしくて笑っているのだろうと思いましたが、そのうち彼女が両手で口を押し殺そうとしているのに気づきました。それを見た私は、その笑いが聖霊の満たしによって起きていることに気づいたのです。

多くの人は、この霊的現象を「笑いのリバイバル」と呼んでいます。なぜかというと、人々が聖霊によって言葉に尽くせない喜びで満たされ、抑制ができないほど笑うからです。この現象がリサに起きていると気づいた私は、「笑いを止めようとしてはいけないよ。それは聖霊の現れなんだ。」と伝えました。

ジョン・アーノットは、聖霊が誰かに臨んでいる場合、特に尋常ではない予期せぬ形で臨んでいる場合は、「父がしておられることを祝福する」よう常に勧めます。このときも、リサをもっと祝福してもらえるように祈ろうとして、私は彼女に近よりました。そして私が両手を上げたとたん、リサは床に倒れて異言を語り始めたのです。私は驚いてしまいました。まだ彼女を救いに導いていませんでしたし、罪人の祈りも祈っていませんでした。実際リサは、まだキリストを信じる心の準備ができていないと言っていたのです。

私は、目撃していることを裏付ける聖書箇所を示してくださるよう、主にお願いしました。すると間もなく、使徒十章が思いに浮かびました。ペテロはコルネリオの親族に福音を伝えていました。そのとき聖霊が降り、親族全員が異言で語り始めます。人々の心をご存知の神は、御霊に触れられて笑いを体験する中で、リサが考え直したことを知っていたのです。彼女はそのあと改心して聖霊に満たされました。それも私の手助けなしにです！

リサは二時間近く床に横になり、異言を語り、御霊の力に触れられて震えていました。リサと叔母さんと他の二、三人を除いては、全員帰宅していました。私も帰宅しなければなりません。私はしゃがみこんで、「もう帰る時間だよ。」とリサに伝えました。

「動けないのよ。起き上がれないの。もの凄くたくさんいて。もの凄い数！」とリサ。私は、悪霊がたくさんいるということだろうと思いました。もしそうだとしらた、また夜遅くまで解放のミニストリーをすることになります。「たくさん何がいるんだい」と私は聞きました。

「ものすごい数の顔よ！」「誰の顔」「友だちの顔。友だちの顔がさっきからずっと目の前でチラついているの。」

リサの答えを聞いた私は、度肝を抜かれました。神はリサを救い、聖霊で満たし、祈りの言語を与えたばかりか、とりなしの心まで与えたのです。二時間近くリサがしていたのは、とりなしの祈りでした。ギャングの友だちをとりなしていたのです。

その夜神は、大切な学びをさせてくださいました。彼女のような若い世代は、神にとって極めて重要な存在なのです。とりなしは、彼らのリバイバルの鍵を握る働きです。神は若者を救い、リサのようにその場で奉仕者として使いたいと思っているのです。

時間を無駄にはできません。若者たちが、滅びゆく友人のために叫んでいるのですから。私たちは通り良き管として、聖霊に働いていただかなければなりません。神は若者たちを救おうとしているのです。

リサはその後も動くことができず、八時間も床に寝そべっていました。聖霊の邪魔をしたくなかったので、私たちは付き添いの人たちにリサのお世話をゆだね、その場を立ち去りました。翌日会ったときには、リサは別人のようになっていました。輝いていて、穏やかな感じでした。そして十五歳らしく見えました。神は、短時間でリサの人生の辛さを、驚くほど消し去ってくださったのです。

私たちはリサに洗礼を授けました。今でもリサは、変貌を遂げた若々しい女性です。

力の伝道は効果を発揮します。そしてその力の源は祈りにあります。それも尋常ではない祈りです。祈りは、霊的刷新のもうひとつの鍵です。これまでの歩みで私が最も成長できたのは、祈りの中に置かれていたときであったことを私は自覚しています。

注

1. John Wimber and Kevin Springer, Power Evangelism, 2nd ed. (San Francisco: Harper San Francisco, 1992), 35.

2. C. Peter Wagner, The Third Wave of the Holy Spirit (Ann Arbor: Servant Publications, 1988), 87.

第七章　祈りによって歩む　〜パラダイムシフト〜

地上で神の御心を行う鍵となるのは、祈りです。ビリー・グラハムは、嘗《かつ》てこう言いました。

『クルセードの要《かなめ》は三つある。それは祈りと祈り。そして祈りだ。』注1
またジョン・ウエスレーはこう断言しました。

『神は信仰の祈りに答えること以外、何一つなさらない。』注2
まったく同感です。

これまで私が証してきたハーベスト・ロック教会における神のわざは、どれも祈りが結んだ実、以外の何ものでもありません。その点は、これから本書で紹介する事例も同様です。そして祈りによって結ばれた実も神のものですから、私たちは祈りによってそれを神にお返しすべきです。

一九九〇年代の中期から顕著《けんちょ》に起きている霊的刷新は、祈りなしで世界を席巻《せっけん》していると、ある人たちが言うのを聞いたことがあります。世間がそのように言う理由はわかります。例えば一九九四年一月二〇日に聖霊が降《くだ》る前、トロントのグループは、特別な祈りの時間を持っていたわけではありませんでした。私の知る限りでは、アナハイム・ヴィンヤードでも同じです。

しかし私は、如何なる場合も、聖霊が降るのは祈りの答えだと信じています。ある指導者が次のように言っていますが、私もそれに賛成です。「特別な祈りなくして、歴史的なリバイバルが起きたことは一度もない」。ここ十五年余りの聖霊の訪れの大半は、一九八〇年代から一九九〇年代初頭にかけて教会が捧げてきた、熱心な祈りの結実です。

霊の注ぎ掛け以前の十年間、総じて教会は大した実を見ることはありませんでしたが、祈りだけは絶やしませんでした。私たちの教会にも同じことが言えます。少なくとも私たちは祈りました。特に友人のルー・イングルは。

比類のないとりなし手

私のメンターであり教授でもあったC・ピーター・ワグナー博士が言っていたのですが、もし自分が教会を開拓するとしたら、最初に募集するのはとりなし手だそうです。

私の場合、恵みによって募集する必要はありませんでした。神は前もって、比類のないとりなし手であるルー・イングルと結び合わせてくださっていたからです。ルーは祈りの戦士以上の存在で、私たちの教会のとりなしを統括する人物です。しかも彼は義理堅い友であり、腹心《ふくしん》です。そして私にとって、またハーベスト・ロック教会や、私が恵みによって指導している使徒ネットワーク、ハーベスト・インターナショナル・ミニストリーにとって、彼は預言者でもあるのです。

実を言うと、私はルーを見ているとフランク・バートルマンを思い出します。バートルマンは、一九〇六年のアズサ街リバイバルのとき、断食と祈りに身を捧げたリバイバリストです。実のところ、ルーがザ・コールの生みの親になったのは、まさにそのDNAの所以《ゆえん》です。ザ・コールという革新的な働きは今や世界的な祈りのムーブメントになっており、社会の悪の要塞を打ち砕き、地球規模のリバイバルのために闘っています。目に見える形で人生を変革する多くの実を結んでいますが、それは世界中で行われている、「コール」と呼ばれる祈りのイベントによるものなのです。ザ・コールについての詳細な証は、ひとつの章を割《さ》いて後述します。

特別な祈り

一八世紀の高名な神学者ジョナサン・エドワーズは、リバイバルを体験するための条件として、『腹蔵《ふくぞう》のない同意と一目瞭然の一致に加えて、特別な祈りがなければならない。』と言っています。注3

そのような祈りは、ハーベスト・ロック教会で起きたことの特徴でもあります。それは忍耐の結実です。アリス・スミスは、『何かが起きるまで祈り続けなさい。』と言っています。注4

ハーベスト・ロック教会は、祈り会として始まりました。連続でリバイバル集会を始めるように神から言われたとき、最初の二十一日間は断食祈祷をしました。私は、はじめて二十一日間のジュース断食をやりました。週に五日、昼間は祈りの集会を開き、夜はリバイバル集会を行いました。

信じがたいことですが、一九九〇年代の十年間、私たちは世界最長のリバイバル集会を催しました。トロント・エアポート・クリスチャン・フェローシップとブラウンズビル・アッセンブリーズ・オブ・ゴッド教会も、同じようなリバイバル集会を行いました。一番最近起きたレイクランド・リバイバルや、その他の「極地的」リバイバルに相当する短期的な「ホット・スポット」リバイバルでも連続集会が持たれています。

私たちのリバイバルが長続きしている理由は、祈りをもって集会に備え、祈りによって集会を支え、祈りによって集会を推進してきたからだと、私は信じて疑いません。

長時間の祈り

私たちの教会に転機が訪れたのは、一九九五年の秋でした。主は、「すべての民族のための二四時間祈りの家」を設立すべきだという強い思いをルー・イングルに与えました。ルーは長年にわたり、継続的に祈る働きを始めたいと思っていたのですが、時が満ちていませんでした。しかし主は、遂にそれを実行する許可をくださいました。

私たちは身体に障害のあるとりなし手の集会を持ち、モットにおいて不休の祈りを行うビジョンを分かち合いました。一日を三時間単位のシフトに分割し、とりなし手が週ごとにその中のどれかひとつのシフトを選べるようにしました。とりなし手たちが好きな時間帯のシフトを選び、パートナーを誘って一緒に祈れるようにしました。

ルーは、各シフトでこなしてほしい作業の説明書を作成しました。長時間祈るための特別祈祷室も作りました。祈祷室の壁全体に、世界地図を貼りました。カーペットは特別分厚いものを敷き、ひざまづくための台や枕、いろいろなタイプの椅子も設置しました。棚には優れた証の本や、祈りと世界宣教に関する書籍を並べました。

また祈祷室には、祈りの課題と祈りの答えを書き込む記録帳を常備しています。記録帳には、預言や示し、夢なども書き込めるようになっています。また世界で働きに従事している、私たち教役者の名前もリストアップされています。いろいろなワーシップソングが集められており、家具のひとつとして小型のステレオも置かれています。

それぞれの祈りの集会では、深い礼拝と賛美の時間が持たれ、御霊に導かれるままいろいろなジャンルの課題を、いろいろな形態で祈っていきます。

一九九六年に祈祷室を捧げるに当たっては、四〇日間の断食祈祷を教会に呼びかけました。この期間ルーはひとりで祈祷室に入り、四〇日間断食祈祷をして、部屋を聖別しました。その断食の最後の十日間、ルーは祈祷室に寝泊まりし、たゆみなく祈り続けました。彼が自宅に帰るのは、シャワーを浴びて、着替えをするときだけでした。

四〇日間断食が終わると、祈りのシフトが稼働し始めました。私たちは、教会から派遣されている宣教師のため、また各国のために祈りました。そしてハリウッドとアメリカの若者のために信仰の宣言をし、政府のためにとりなし、リバイバルを求めて主に叫びました。これらの祈りは今でも続けられています。

ある人たちは壁に貼られた地図に文字通り手を置き、いろいろな国のために祈ります。またある人たちは、涙を流して異言で囁きます。いくつかの祈りの集会では、軍事訓練のように神の指令に従い、御霊の世界に入り込みます。このような集中的な祈りを常時継続することは、私たちにとって新しい試みでした。しかし前述したとおり、主はその働きに多くの人を招き入れています。

世界中では、恐らく数千に上るミニストリー団体が、主の促しに従って二四時間連日の連続祈祷や二四時間連日の連続礼拝を催して、祈りと礼拝を捧げています。この終末の時代において、主の御名は、昼も夜も世界中であがめられているのです。自分自身を祈りと礼拝に捧げる人々を通して神の祭壇に祈りの香が立ち上るとき、地上の霊的状態は天の雰囲気に変えられると私は確信しています。

もしとりなし手が与えられておらず、彼らが献身的に祈り続けてくれないとしたら、私たちの教会はどうなるかわかりません。ハーベスト・インターナショナルというミニストリー団体も、そのスタッフやリーダーたちも、どうなるかわかりません。私は神の国において、とりなし手ほど必要とされている働き、栄誉に値する尊い働きはないと思っています。長年にわたり、私たちとともに祈りに励んでくださっているすべての方々に感謝します。みなさんは、本当に神の国を建て上げる人たちです。天においてみなさんが受ける報いは、とても豊かです！（マタイ六・33参照）

リック・ジョイナーは、彼が見た天国の幻について次のように述べています。

『神の御座から一番近いところにいた人たちは、地上でとりなしに身を捧げた人たちでした。……私がキリストの裁きの座に近づくと、その最高位の人たち（とりなしをしていた人たち）も王座につきました。彼らの王座は、どれも主の御座の一部でした。……忠実に祈る女性や母親たちの王座は、独身者のそれよりも多く見えました。』注5

私もそうだと信じています。多くの人は、自分は「フルタイムの働き」には就いていないと考えますが、私たちは全員が祈りというフルタイムの働きに就いているのです。遠い昔から、この使命に最も忠実な人たちの中には、お母さんやお婆さんたちがいます。その方々の祈りは、敬虔な若者たちを生み出すために止むことがありません。「**主がエルサレムを堅く立て、この地でエルサレムを栄誉とされるまで、黙っていてはならない。**」（イザヤ六二・7）とあるとおりです。この命令は私たち全員に語られているのです。

何世紀も昔、モラビア人は比類なき改革者であり、リバイバルの火付け役でした。彼らは連続祈祷の集会を百年余りの間行っていました。私たちも主が再臨されるまで、連続祈祷を続けたいものです。それにはいろいろな形式の祈りが必要でしょうし、長年にわたって祈ることになるかもしれません。しかし御国の福音がすべての国民に証されるまで、私たちは断食祈祷のある生活を続けなければなりません。（マタイ二四・14参照）

もちろん誰も彼もが「すべての民族のため二四時間祈りの家」を設立するように召されているわけではありません。しかし、私たちには何かできることがあるはずです。もしかしたら、一定の期間だけなら二四時間連日祈祷をすることができるかもしれません。教会の人たちと協力して時間を割り振り、丸一日祈りが途切れないように自宅で祈るのです。一週間にわたって、毎晩徹夜祈祷会が導かれている教会もたくさんあります。もちろん定期の祈祷会もなくてはならないものです。ある人たちは、街のための二四時間礼拝祈祷会を実施するため、他教会と連携しました。あるグループは、街にある二五の教会と連携したのです。

大切なのは、祈りに関して神の御心だとあなたが信じることを行うことです。そして神が導くままに、「雲の柱」についていくことです。

四〇日間断食祈祷

私が知る限り、四〇日断食でルー・イングルの右に出る者はいません。私は冗談半分に言うのですが、そもそも私がルーを雇ったのは、私が食べる係りを務めて、彼には断食をしてもらうためです。最近ルーが教会直属の職務を離れ、彼独自の広範囲なミニストリーを始めたため、断食祈祷が私の役目になってしまいました。

正直言って、私は断食があまり好きではありません。しかしハーベスト・ロック教会の牧師でもある妻のスーは、断食祈祷に身を捧げるもうひとりの人物です。スーとルーが断食に身を捧げているので、全教会と私は断食する必要はないと自分に言い聞かせてきたのですが、それは私の間違いでした。

一九九六年の後半になると、神は私に連続断食をするように迫ってきました。多くの人がそうであるように、私も「カミング・リバイバル」というビル・ブライトの断食に関する著書を読んだことがありました。その中でブライトは次のように断言しています。

『断食をして祈るときに発揮される力は、悪の要塞に霊的原子爆弾を投下するようなものです。それはアメリカに大きなリバイバルと霊的覚醒をもたらし、大宣教命令を実現する歴史的瞬間になるでしょう。』注6

二つ目に神がやり始めたことは、C．ピーター・ワグナーの祈りに関する著書を通して私を説得することでした。ワグナーは「祈りの戦士シリーズ」というタイトルで、本を六冊書いていました。その最新刊の「力の祈り」という本のお陰で、私はハーベスト・ロックの主任牧師として、祈りを妻とルー任せにできなくなりました。

『もし教会を祈りの家にするなら、主任牧師はビジョンを抱き、教会における祈りの奉仕を自ら先導しなければなりません。もちろんそれは、教会の統括や祈りの奉仕を別の者に任せてはならないという意味ではありません。……教会員はみな、牧師が個人的な生活や牧会において祈りを優先していることをはっきりと知っているはずですから。』注7

まったく同感です。主は牧会スタッフに、一九九七年中に四〇日間断食を始めるよう、示してこられました。私たちは、ニューストンの牧師と彼の教会が、一九九六年の最後の四〇日間に断食したという話を聞いていました。「サムワン・ケアーズ・ヒューストン」のリーダーであるダグ・ストリンガーが断食を導きました。ジョン・アーノットも、トロントの教会が、一九九七年に四〇日間断食集会を企画していることを話してくれました。ダラスでは、五〇人の牧師とその教会が同じことを計画していると聞きました。私たちは、レントの一週間後に断食に入り、四〇日後のイースターの日曜日に終えることにしました。（みなさん、クリスマスとお正月にまたがる断食は、本当に神の導きがあるときだけにしてください！）

一九九七年の一月、私は、牧会スタッフと有志の人とで断食をする旨を、教会の人々に告げました。驚いたことに、六〇〇人もの教会員が、何らかの形で断食に参加すると名乗り出てきたのです。多くの人は菜食断食をし、ある人たちは一日一食だけで過ごす断食をしました。六五名余りの人は、四〇日間のジュース断食を実施しました。私もその一人です。

私の場合、初めの頃はきつい思いをしました。私は日常的にダイエット・コークを飲んでいたので、最初の三日間はカフェイン断ちで苦しみ、頭痛や疲労感がありました。二週間目には、夜寝ているときに食べ物の夢を見るようになりました。

今でもよく覚えているのは、帰宅するとテーブルの上にご飯とプルコギが置いてある夢を見たことです。その夢はとてもリアルでした。私は腰かけてがつがつ食べます。そして夢の中で我に返り、断食を破ってしまったことに気づくのです。何とも言えない悲惨な思いになりました。一杯の食物と引き換えに、長子の権利を売ってしまったエサウの気分です。そして断食を破ってしまったから、もう取り返しがつかないと思い、逆にもっと食べてしまうのです。おかわりまでしました。そして目が覚めると夢だったことに気づき、ホッとしたのです。

あの夢は、私の動機を強めて、誘惑が来ても断食を破らないよう助けるためのものだったと思います。読者に長時間断食に関する実践的な知恵をお話ししたいと思います。

それは私が、断食によって体脂肪よりも筋肉のほうをたくさん失ったからです。十日目のことですが、教会に来ている内科医が、液体プロテインを飲み、軽い運動をするようアドバイスしてくれました。このアドバイスは、健康のために必要不可欠でした。それを実践し始めてからは、筋肉ではなく体脂肪が減るようになったからです。

断食をするときは知恵を用い、**あなたの**内科医のアドバイスに従ってください。これは特に長期間断食を定期的にする人にとって、健康維持のために大切な知恵だと思います。もちろん、そうしてはならないと主がはっきりと語られたときには、主の導きに従ってください。

大抵の人は断食をすると痩せますが、断食をするのは痩せるためではありません。私の目標は、愛において成長することです。神は多くの素晴らしい方法で祈りに答えてくださいますので、それについても後述します。

四〇日間断食の締めくくりとして、マヘシュ・チャブダを招聘《しょうへい》して癒やしのカンファランスを催しました。金曜の晩、チャブダは私たちを「見張りの祈り」へといざないました。「見張りの祈り」とは、実質的には徹夜祈祷会です。夜中の三時頃、とんでもないことが起こりました。オダトリアムの前に立っていた木が、真っ二つに割れたのです。まるで雷に打たれたかのようした。しかもそれが起きたのは、私の車が停めてある真正面だったのです。風もなく、雨が降ったわけでもなく、雷などの自然現象も何もないのにです！

祈りの集会から帰宅する人が、この事件を教えてくれました。チャブダにこの件を話すと、彼は、モットにおける悪霊の要塞が打ち砕かれたしるしだと言いました。そして今後、聖霊の大きな働きが起こると言いました。

チャブダは、アフリカでクルセードを行ったときに、何度もこのような現象を体験したそうです。彼によると、神が魔術の霊を砕くときに、雷によって木を真っ二つにするそうです。木は土着の魔術師たちからは、力の源と考えられているからです。それがこの事件にも当てはまるかどうかは別として、この出来事は私たちの断食祈祷が、神の御心だったことを示すしるしだったと私は信じています。断食祈祷は力をもたらします。断食をした多くの人は、効果は断食中ではなく、断食後に現れることが多いと言っています。ですから諦めないでください。結果を肉の目で見てはいけません。変化は霊的な次元で起きているからです。

祈りの実

大抵の場合、私たちは天に帰るまでは、とりなしの祈りにどれ程の意味があったのか、完全に知ることはできません。しかしハーベスト・ロック教会における第一回目の長期間断食祈祷によって、パサディナ市にいくつかのことが起きたのはわかっています。

ひとつは、重要な公共建造物の名称が変更されたことです。ルー・イングルは、その出来事についてこう述べています。

パサディナ市とロサンゼルスの水源を守っているのは、デビルズ・ゲイトという名前のダムです。私ととりなしの仲間たちは、そのような名前は街に、文字通りに呪いをもたらすと感じました。

一九四七年の地方新聞の記事にこうあります。「デビルズ・ゲイトという名がつけられているのは、ダムの岩の形がサタンのように見え、その偉大さを表しているためだ。」

ある晩、私は夢の中で次のような言葉が聞こえ、目を覚ましました。「行って、あなたの聖めのために、その上に塩を撒きなさい」。その時点では、何に関して言っているのか、私にはわかりませんでした。しかしパサディナに来る前に、エリシャがエリコの水源に塩を投げ入れたら、汚染されていた水が癒やされたという箇所が示されていたのです。(第二列王記二・19～22参照)

その朝の祈祷会で、教会のとりなし手のひとりが、デビルズ・ゲイトの名称を神が変えてくださるよう祈りました。そのあと主から強い促しがありました。「預言的なとりなしとしてデビルズ・ゲイトがある川に行って塩を投げ入れ、名称が変えられて呪いが砕かれ、リバイバルの川が流れて、ロサンゼルス渓谷に実りをもたらすよう祈りなさい」と。

私たちは「大パサディナ地帯をキリストに捧げるとりなしチーム」を連れてダムに行き、言われたとおりのことをしました。そのとき、南カリフォルニアは、五年も続くひどい干ばつに見舞われていました。私は、何千人ものカリフォルニア住民が、雨を求めて祈っていたことを知っています。しかし神は、その八日後に雨を降らせてくださり、私たちを励ましてくださいました。雨はとても激しく降り、新聞は「奇蹟の行軍」と謳《うた》いました。本当に驚きでした。この出来事は、霊的刷新やリバイバルのしるしではないのだろうかと、深く思わされました。まず初めに自然界に変化が起こり、次は霊の領域に起こるのではないかと。

しかしその後二年間、ダムの名称はそのままでした。とりなし手の姉妹が、再び神にお伺いを立てました。すると神は、「名称は変わるが、先住民の名称になる」と語ったそうです。その後間もなく、ロサンゼルス・タイムス紙の記事が私たちを興奮させました。祈りが答えられ、ハハモングナという名称に変更されたのです。それはパサディナの先住民であるカブリエリノス族が、アロヨ・セコの北端二五〇エイカーの地域につけた名前で、「川が流れる実り豊かな谷」という意味です。ハハモングナのほうが、長期間なおざりにされた地区の回復後の名前として適切だと、ほぼ全員が納得しました。

今私たちが祈っているのは、「川が流れる実り豊かな谷」が実現することです。そしてそれは、一九九四年に始まった聖霊の注ぎ掛けによってもたらされた実でもあるのです。注8

パサディナに起きたもうひとつの大きな変化は、主要なカルトが悔い改めて改心したことです。ワールドワイド・チャーチ・オブ・ゴッド（ＷＣＧ）とその機関誌「プレイン・トゥルス」のことは、多くの人がご存知だと思います。初期の頃、彼らの本部はパサディナ市にありました。彼らはこの街における悪霊の拠点だと考えた私たちは、度々彼らのために祈りました。

ＷＣＧの悔い改めが私たちの祈りによることだとは思っていませんが、その一翼を担った可能性はあります。神は長きにわたって、ＷＣＧに働きかけていました。というのは、元のメンバーたちの多くが改心し、ＷＣＧのために熱心にとりなしていたことを私は知っているからです。しかし彼らに劇的な変化をもたらした多くの祈りの中には、私たちの祈りも含まれていると思っています。

私はジャック・ヘイフォードが「私の知る限り、キリスト教史上これほど劇的な形でカルトが改心したのは、これが初めてだ。」と言ったのを覚えています。

今日ＷＣＧは、米国福音同盟（ＮＡＦ）に加盟しています。私はＷＣＧの総裁であるジョセフ・トゥカーチを含めて、リーダーたちの多くを個人的に知っています。本当のことを言うのですが、彼らはキリストにある真の兄弟です。(聖徒の祈りによって、神はＷＣＧの惑わしの壁を崩せるのですから、私たちは信仰に立ち、モルモンやイスラムが、惑わしから目覚めるように祈る必要があります。)

ほんの数年後に、ＷＣＧが私の人生に再登場することになるとは、思いもよりませんでした。ワールドワイド・チャーチ・オブ・ゴッドが組織の再編を行ったことにより、彼らはパサディナの中心部にある本部を引き上げることになりました。そしてパサディナの「珠玉」と呼ばれていた彼らのオダトリアムが、特別価格で提供されることになりました。それも私たちにです。

ハーベスト・ロック教会の居場所は、今やアンバサダー・オダトリアムになりました。この驚くべき奇蹟については、ひとつの章を割いて後述します。

祈りにおける忍耐

私は、この街に霊的刷新を起こしてくださっている主に感謝しています。長期間にわたり聖霊の働きが続いていることにより、これまでの年月に何千人もの人々にインパクトが与えられ、それはリバイバルに発展しました。今のところ、まだリバイバルのインパクトが完全に現れているとは言えませんが、そのときは近いと信じています。

思い通りに物事が進まないと、祈りの情熱を冷まそうとする誘惑がやって来ます。しかし私たちは、上からの恵みによってますます熱心に、祈りに身を捧げるべきであることを学んでいます（第一テサロニケ五・17参照）。大勢の人が御国になだれ込み、社会のあらゆる領域が変化するまで、私たちは神に働き続けていただかねばなりません。

この新しい力とビジョンを受けることにより、ゆっくりとではありますが、国々に驚くほど広範な変化が起き始めています。ランス・ウォルノーが「文化の山」について説き明かしているとおり、信者がそれぞれの山の頂点で仕えることにより、社会の全領域に影響を及ぼす戦略を、神は練っておられます。七つの山は、教育、政治、メディア、経済、宗教、芸術およびエンターテインメント、そして家族を網羅しています。それが実現するためには、救いによって社会が変化することが必要です。これこそ、すべての政府の王であるお方の御心だと私は確信しています。

社会の変化のあとにも計画があります。最終目標は「改革」です。この目標こそ、私たちが祈り、努力し、社会に入り込んで影響を及ぼすべき所以です。この目標が達成されるのは、人間の「善良な考え」の代わりに、神の価値観を長期的に維持する、堅固な社会構造が確立するときです。アリス・スミスは、著書「ベールの向こう側」の中でこう言っています。「神の働きに常に先行するものは、燃えるような祈り、信じる祈り、勝利の祈り、神の心を動かす祈り、忍耐の祈り、神と親しむ祈りです。」注9

この目標に向かって私たちは労し、祈り、信じましょう。神がご自分の民を地上の賛美とし、この世のすべての王国がキリストの王国になるまで、私たちは前進しなければならないのです。（黙示録十一・15参照）

注

1. Che Ahn, Fire Evangelism (Grand Rapids, MI: Chosen Books, 2006), 107.

2. Dutch Sheets, Intercessory Prayer (Ventura, CA: Regal Books, 1996), 23.

3." A Humble Attempt to Promote Explicit Agreement and Visible Union of God. s People, in Extraordinary Prayer, for the Revival of Religion and the Advancement of Christ. s Kingdom on Earth,." The Works of Jonathan Edwards, vol. 2, from Christian Classic Ethereal Library http://www.ccel.org/ccel/edwards/works2.viii.html?highlight=visible,union,and,extraordinary,prayer#highlighte (accessed March 19, 2009).

4. Alice Smith, Beyond the Veil (Ventura, CA: Renew Books, 1997), 39.

5. Rick Joyner, The Final Quest (New Kensington, PA: Whitaker House, 1996), 116-117.

6. Bill Bright, The Coming Revival (Orlando: New Life Publications, 1995), 16.

7. C. Peter Wagner, Praying with Power (Shippensburg, PA: Destiny Image, 1997), 148-149.

8. Che Ahn, Into The Fire (Ventura, CA: Renew Books, 1998), 104-105.

9. Smith, 2.

第八章　聖め～あなたの心を神に寄り添わせるには～

真のリバイバルを体験すると、その人の人生は永遠に変えられてしまいます。その変貌の力は教会の壁を通り抜け、街の雰囲気を変え、人を救いに導いて人生を一変させてしまいます。

私が気づいていなかったことがあります。それは、成熟や聖めという最も大きな変化が起きた原因は、父なる神が一五年余りにわたって豊かに注いでくださった、愛と笑いだったかもしれないということです。来たるべき世界規模の大リバイバルの中で用いるため、神はご自分の子供たちを癒やし、整えておられるのです。

すべての信者には、聖い歩みを切望する思いがあります。しかし私たちはみな、罪との闘いになかなか勝つことができません。聖めというのは徐々に進むものだからです。通常聖めというものは、神の道を歩もうとする努力を阻《はば》む罪責感から、少しずつ信者を解放し自由にしてゆくものです。しかしありがたいことに、私はこの聖めの働きを大幅に増強する真理を発見し、体験しました。

私がこれまでに受けた中でもっとも素晴らしい啓示は、聖めは愛をとおして起こるということです。私たちは神の愛を受けずして聖くなることはできません。繰り返しになりますが、私たちの救いは、神のほうから手を差し伸べることによって起こるものです。エゼキエル十一章にこのような約束があります。

わたしは彼らに一つの心を与える。すなわち、わたしはあなたがたのうちに新しい霊を与える。わたしは彼らのからだから石の心を取り除き、彼らに肉の心を与える。それは、彼らがわたしのおきてに従って歩み、わたしの定めを守り行なうためである。こうして、彼らはわたしの民となり、わたしは彼らの神となる。（エゼキエル十一章・19〜20）

まず初めに石の心が取り除かれ、次に神の霊を受けるまで、私たちは神の命令に従って歩むことはできません。この行程は救われるときに起こるものであるのと同時に、成長の過程において段階的に深まってゆくものでもあると思います。

神が石の心を取り除き、御霊を与えてくださるとき、私たちは聖めの道を進み始めます。神が石の心を取り除く方法は悔い改めです。悔い改めて神の赦しを受けると、人の心は柔らかくなります。多く赦された人は、多く愛するようになります（ルカ七・47参照）。しかし悔い改める力は、愛に根差しています。もう一度言いますが、悔い改めも神から発するものです。

愛と慈《いつく》しみの中で、神は私たちの罪を現してくださいます。そして私たちは愛の心で、悔い改めをもって応答するのです。悔い改めるとは、ある方向に進むのをやめ、向きを変えてまったく逆の方向に進むことを言います。

友人のビル・ジョンソン牧師は**悔い改める**／repentという言葉の原義に遡《さかのぼ》って説明しています。接頭語のreは、「繰り返し行う」という意味です。pentは、「ペントハウス」または「高い所」を意味するラテン語に由来しています。ですから悔い改めるとき、私たちは罪という低い場所を離れて、私たちの居場所として神が定めている高い所に立ち返るのです。[注1]

多くの人は恐れや偽《いつわ》りの従順のゆえに悔い改めますが（この点は、本人がどのような教理や霊的環境の中で成長するかによって違いがあります）、神の愛によって促される悔い改めほど、深くて長続きする悔い改めはありません。パウロがローマ十一章で神の愛を説明してから、十二・1で次のように言っている理由はそのためです。**「神のあわれみのゆえに……あなたがたのからだを、神に受け入れられる、聖い、生きた供え物としてささげなさい。」**

真の聖めと罪に対する勝利は、愛という動機なしには起こりません。愛がなければ、私たちは完全に明け渡すことができないからです。

まさにこのような愛を、リバイバルは、私や数えきれない人々の人生にもたらしました。神は愛をもって私の罪を示してくださり、その後で御霊を注いで、罪をその根本から絶《た》てるようにしてくださったのです。罪は根を深々と下ろしていましたが、奴隷の足かせが解かれるようにして、私は罪から解放されました。生涯の中で、そのときほどの解放感を味わったことはありません。

聖めの働きが加速したのは十五年以上前のことで、そのとき私の信仰歴は二十年でしたが、まるでもう一度新生したかのように感じたのを覚えています。今起きているリバイバルを批判する人々は、往々にしてこう言います。「悔い改めがどこにもないじゃないか。聖なる笑いとは、いったい何のためにあるんだ。罪の問題をもっと語るべきだろう。リバイバルとは笑いではなく、悔い改めをもたらすものだ。」

しかし多くの人が気づいていないのは、このムーブメントの中で、多くの人がそれまで体験したことのなかった、真の悔い改めを体験しているということです。私は自分が体験したので、それが真実であることがよくわかります。

神の愛ほど、人を変えるものはありません。人を悔い改めに導くのは神の慈愛だからです(ローマ二・4参照)。第一コリント十二・31でパウロが勧めているように、愛こそ「**さらにまさる道**」なのです。

苦い根

一九九四年十月の上旬、私ははじめてトロントに旅をしました。第一回目の「キャッチ・ザ・ファイヤー」カンファランスに参加するため、何千もの人々がトロント・クリスチャン・フェローシップにやって来るので、私も興奮していました。

ルー・イングルと私は、カナダに行くことを思うと、年始からずっと落ち着きませんでした。何ヶ月も前からカナダでの聖霊の働きについていろいろと聞かされていたので、待ちきれませんでした。もちろん私たちは、アナハイムのヴィンヤード・カンファランスで聖霊の激しい働きに触れていました。しかし世界中に噂が流れたとおり、トロントはその聖霊の働きの凄まじさのゆえに「第二のアズサ街」と言われていたのです。

実際、何千もの人がすでにトロントに集まっていました。ルーと私は新しい教会の設立で忙しかったため、新しいリバイバルの「メッカ」を訪れる余裕がありませんでした。しかし遂に念願が叶いました。

私の最初の印象は、正直言ってやや期待外れでした。少なくとも私が思っていたほどの、傾注ではなかったのです。私がまず体験したのは、公式なカンファランスが行われる前の予備集会でした。集会は第一会堂で行われたのですが、最大で五〇〇席しかなかったため、会場はすし詰め状態でした。私の記憶に残ったのは、ギューギュー詰めの不快感だけです。それがトロントでの第一印象でした。しかしその後の数日間で、状況は一変しました。会場が、リーガル・コンステレーションという、近くの大きなホテルに移ったからです。

ルーと私がコンステレーションの大会議室に到着すると、私たちの教会から来ていた数人の人たちから声を掛けられました。その中の二人は、会場の前方に席を見つけ、私のすぐ近くに座りました。会場に三〇〇〇人余りもいたことを思えば、席を見つけられたこと自体が奇蹟でした。（私は人ごみの中でルーとはぐれました。）その晩の説教者が誰だったか覚えていません。恐らくジョン・アーノットだったと思います。説教の内容も思い出せません。しかしミニストリーの時間に自分に起きたことは覚えています。なぜなら、それによって私の人生が変えられてしまったからです。

恵みの座の時間になって人々が前方に集まってきたとき、私も前に走っていきました。トロントやパサディナのミニストリースタイルに慣れていない人のために、会場の床には誘導線が引いてありました。チームの祈りの奉仕を受ける人たちが規則正しく並んで待てるようにです。

教会から来た二人と私は、最前列に近いところにいました。アナハイムでは主の臨在が顕著に現れとても強く働いていましたし、トロントからの噂で喜びと霊的現象については知っていたので、私の目的は聖霊の圧倒的な注ぎかけでした。私が求めていたのは霊的現象以上のものです。一月のヴィンヤード・カンファランスで、すでに相当のリバイバルの恵みを受けていたので、ここではそれ以上のものを受ける必要がありました。もう一つの目的は、ハーベスト・ロック教会にここで受けた油注ぎを持ち帰ることでした。

奉仕チームのメンバーが近づいてきて祈り始めると、私は優しい聖霊の臨在を感じて床の上に倒れました。教会から来た二人も床に倒れて笑っているのが聞こえました。正直言うと、私は二人をうらやましく思いました。自分も「霊的に酔いたかった」からです。二人のように、「楽しいとき」を過ごしたいと思いました。ところが実のところ、私はほとんど何も感じなかったのです。

横たわったまま祈り、今夜受け取るべきものが何であるかを主に尋ねました。間もなく神は、私が或る兄弟に対して、苦々しさを持っていることを示してくださいました。聖霊による罪責感が強く迫り、罪深さのゆえに涙が出てきました。私は泣きじゃくり、悔い改めながら横たわり、教会から来た二人は笑いと喜びに包まれていました。

その夜神は、私が心の傷を直視せずに蓋をしていたことを示しました。私は傷の存在自体を受け入れていなかったのです。その傷が余りにも生々しいものだったため、「苦い根」になっていました。ヘブル十二・15にあるとおりです。その夜私は、聖霊の愛に満ちた臨在に触れられ、日常の忙しい状況では認めることができない、とても深い痛みと向き合うことができました。

完全な解決にまでは至りませんでしたが、これまで体験したことのない臨在と導きと恵みがありました。数ヵ月後、私はその兄弟に対する苦みを解決でき、彼を不当に扱った罪の赦しを乞いました。この傷の癒やしの過程で、父親から拒絶された痛みが、心の深いところに残っていることが解りました。

父親との間に何があったかを話す前に、父に関していくつか話しておくべきことがあります。父の名はビュン・クック・アンといいます。父も牧師で、偉大なる神の人です。息子だからこう言うわけではありません。父を知る人たちも同じように感じています。父は韓国人からもアメリカ人からも、国民的な尊敬を集めている牧師です。父は所属教団の議長に選ばれたことが二度あります。ダビデ・チョー・ヨンギ牧師の純福音教会を含め、韓国でも最大級の教会から説教に招かれたことが何度もあります。クワン・リン・メソジスト教会といって、当時で七〇〇〇人の信徒を有する世界最大のメソジスト教会でリバイバル集会を行ったこともあります。今は引退しておられるサン・ドゥー・キム牧師が牧会していた教会です。

著書も数冊あります。また、韓国人としては北米初の南部バプテスト教会の牧師になりました。さらに素晴らしいのは、イエスへの愛と情熱を体現する人格者であることです。正直なところ、私の父ほど親切で気前がよく、寛大な人物はいないと思います。私は心から父を尊敬しており、父親としても牧師としても、私たち子供のために多大な犠牲を払ってくれたことを本当にありがたく思っています。私は父を心から愛しています。今は父との関係はこれ以上ないくらい良好ですが、ずっとそうだったわけではありません。

一九五八年、私がまだ二歳だったとき、父は、母と四歳の姉チョン、そして私を残して韓国を離れました。ワシントンＤＣで牧師職に就くためです。もちろん父は家族も一緒に連れて行きたかったのですが、ビザがおりませんでした。父は家族との別離がすぐに解決することを信じ、私たちよりも先に行ったのです。しかし私たちがアメリカに移ることができるまで、二年余り待たなければなりませんでした。成長期にあった二年間、私は父の不在でひどく寂しい思いをしました。

ついに飛行機を降りた私が、母の指さす人のもとに思いきり駆け寄って行ったのを今でも覚えています。父が私を抱き上げてくれたとき、私が言ったのは、「お父さんなのはわかるんだけど、お父さんには見えないなぁ」という一言でした。

あれから何十年もたつというのに、未だに当時のことを覚えているというのは不思議なものです。父と離れていた二年間、私は父に関する知識を深めることがほとんどできませんでした。実のところ私は、父の容貌すら忘れていたのです。

私には、子供時代に父と多くの時間を過ごした記憶がありません。父は牧会でいつも忙しく、その上、家族を養うために歯科技師としても働いていたからです。二足の草鞋《わらじ》を履き、外国で家族の面倒を見るという、凄まじいストレスに耐えなければなりませんでした。

父が渡米した動機は、戦争で分断された国を離れて、家族に良い教育と将来を与えることでした。姉のチョンへは優等生でしたが、私は物覚えが悪く、学校では苦労しました。私が月並みの成績表を持ち帰ると、父は努力が足りないと言って私に体罰を加えました。

間もなく私は、父に対して怒りを抱くようになりました。父から拒絶されていると思ったのです。そのため私は、受容してくれる相手を父以外に求め、学校の友だちを拠り所にするようになりました。学校ではいつも人気者でした。私が覚えている限りでは、いつもリーダー的な存在でした。私は、生まれながらにしてリーダーの資質を与えられていたのだと思います。しかし私は、友だちを無法と反抗に駆り立てるようになりました。麻薬とセックスとロックンロールが、私の生き様になりました。

私の反抗的な生き方を怒った父を責めるつもりはありません。確かに私は反抗的だったからです。残念なことは、私の反抗のせいで体罰が増え、拒絶感と怒りが増幅したことです。

救われたとき、私は入信前の荒れていた年月の痛みを取り除こうと努力しました。ビル・ゴサードの「思春期の心の問題基礎講座カンファランス」に出席したことを今でも覚えています。帰宅した私は、父と母の心を傷つけたことを謝罪し、赦しを請いました。二人とも喜んで赦してくれましたが、私は父が私を傷つけたことに関しては向き合わなかったのです。

トロントで床に倒れていた間、神は、私の心に苦々しさが残っており、今でも父から受けた痛みを引きずっていることを示してくださいました。私は父と話す必要があることに気づきましたが、会話を切り出す勇気がありませんでした。しかし一九九六年十一月、パサディナで行われた弟のチェウーの結婚式に両親がやって来たとき、遂にその機会が訪れました。
このマラキ書の預言が、自分に成就するとは思ってもいませんでした。

見よ。わたしは、主の大いなる恐ろしい日が来る前に、預言者エリヤをあなたがたに遣わす。彼は、父の心を子に向けさせ、子の心をその父に向けさせる。それは、わたしが来て、のろいでこの地を打ち滅ぼさないためだ。（マラキ四・5〜6）

マラキは、神が民のところにエリヤの霊を遣わすと預言しました。この言葉は、預言的な意味合いを帯びており、リバイバルをもたらすために、父親の心を子に向けさせて和解に導き、同様に子の心を父に向けさせるというものです。私たちがこの神の働きを受け入れないなら、この地は裁きを受けることになります。

私のマラキ四・六体験

その日、私は父と話すつもりでしたから、とても緊張していました。二四年間も蓋をしてきた心の傷の話をどのように切り出したらいいのか、私にはわかりませんでした。二人で会おうと頼むだけでも、とてつもない勇気が必要でした。父との会話の難しさに気づいた私は、かえって傷の深さのほうに思いが行くばかりでした。

「父さん、二人だけで話したいことがあるんだけど。」

「ああ、いいとも。ホテルまで車で送ってくれないか。道すがら話せばいいだろう。」

パサディナ・ヒルトンに向かいましたが、私は話を切り出せませんでした。運転しながらではなく、膝を交えて話したかったからです。ホテルの駐車場に車を停め、エンジンを切った私は、ついに心を注ぎ出しました。

「父さん、言いづらいことなんだけど、話さなきゃいけないんだ。話す前に言っておくけど、ぼくは父さんを心から愛しているし、尊敬しています。」

私は深呼吸してから話し始めました。「父さん。ぼくは子供の頃に父さんから体罰を食らって、そのとき受けた拒絶感で未だに心が痛んでるんだ。父さんは一線を越えたと思う。牧師になってみて思うんだけど、体罰はまずかったと思うよ。」

すぐに父の眼差しに悲しみが浮かびました。今にも涙がこぼれ出しそうです。「子供の頃から今まで、ずっとその痛みを抱えていたのか。」父は驚いたように言いました。

「そうだよ、父さん。ぼくが言うことに答えなくてもいいんだ。ただ今まで溜め込んでいた胸の内を受け止めてくれれば、それでいいんだよ。」

その後も数分間、私たちは話し合いました。父は移民としてアメリカで生きるため、当時はとても辛い思いをしたと話してくれました。父は、自分自身が母親から体罰を受けていたと言いました。祖母は荒々しい気性の人だったそうです。興味深いことに、祖父は決して父を叩かなかったそうです。私が、控えめに言っても自分は模範的な子供ではなかったと言うと、父も私も笑いだしてしまいました。私たちは抱き合い、互いに感謝しました。そして父はホテルに入っていきました。

私は意気揚々として家路に着きましたが、もっと良い知らせが待ち構えていました。帰宅して数分すると、母が電話をかけてきました。母は受話器の向こうで、私のことで泣いていました。

「チェや、お母さんが悪かったよ。子供の頃のことで、お前が今でも痛みを感じていたなんて。」

「母さん、ぼくはもう大丈夫だよ。ただ父さんに吐き出したかっただけだから。それをしたら、随分と楽になったんだ。」

母は、父の怒りから私を守れなかったことを赦してほしいと言いました。「私はお前を守りたかったし、お父さんの体罰を止めたかったけど、牧師の妻だし、アジア人の女だから割って入れなかったんだよ。」

「母さんは謝ったりしなくていいんだ。母さんの立場は理解してるから。」

するとと母は、父が話したがっているからと言って、電話口から離れました。私は驚きました。そして恐れが湧いてきました。父に恥をかかせたので、怒っているのだろうかと。

ところが次の瞬間に起きたことは忘れることができません。父は受話器を手にするや、神妙な声で、今まで一度も口にしたことのないことを、私には思いもよらないことを言ったのです。

「チェや、父さんが悪かった。子供だったお前に、あんな仕打ちをしてしまって。赦してくれるか、チェや。」

私は唖然としました。自分の耳を疑いました。落ち着きを取り戻した私は、もちろん赦すと伝えました。そのあとで父が言いました。「チェや、お前は自慢の息子だ。お前を心から愛しているよ。」

余りの衝撃に、私はそれを聞いても一体どう答えたらいいのかわかりませんでした。

「父さん、ぼくも愛しているよ。」こう返すのが精一杯でした。なぜかというと、父の口から「愛している」という言葉を聞いたのは、それが初めてだったからです。話を終える挨拶をして、受話器を置きました。嘘ではありません。私はガッツポーズをして、「やったぁ！」と叫びました。そして部屋の中を踊りまわったのでした。

この体験がもたらした恵みは、言葉では言い尽くせません。拒絶の霊は永遠に私から絶たれました。

こんにちに至るまで、私はこの和解の実を見続けています。キリストの再臨前に、父の心を子に向かせ、子の心を父に向かせると聖書は言っています（マラキ四・6参照）。これはまさしく私が体験したことであり、他の多くの人々が現行のリバイバルの中で体験していることです。これは間違いなく終わりの時のリバイバルのしるしだと思います。

多くの信者がこのような人生を変える体験をしているのを見るとき、このリバイバルを笑いのリバイバルとして批判されることに混乱を覚えます。そうです。神は喜びを注いでいるのです。詰まる所、神の国は「**義と平和と聖霊による喜びだからです。**」（ローマ十四・17）

自分や他の人の体験からわかることは、神が深いところで罪の聖めをなしておられるということです。罪が取り扱われずに放置され、いつしか成長して多くの人を汚す前に、解決できるようにしてくださっているのです（ヘブル十二・15、第一ヨハネ一・10参照）。この聖化の働きは、多くの人に自由と聖めを豊かにもたらしています。

父との関係が新たにされ、自由と和解がもたらされたことには、言葉では言い表せない価値があります。しかしこれは、私の人生を深いところから徐々に変貌させる働きの始まりにすぎませんでした。なぜなら後になって、妻のスーや他の人たちとの人間関係も変えられたからです。父親との関係は、他のすべての人間関係に影響するのだと思います。特に神や親しい間柄にある人たちとの関係にです。

父親との関係がまず初めに取り扱われる理由はそこにあります。それによって、多くの価値ある変化がもたらされ得るからです。

スーと私の関係ですが、神は私たちの夫婦関係を癒やしてくださいました。痛んでいたのは余りにも深い部分だったので、私の意識には上ってもいませんでした。（余りにも酷く痛んでいたため、スーは私に対して心を閉ざしていましたが、私はその理由すらわかっていませんでした！）

スーは私のふるまいや宗教的な態度、そして人を傷つけるような行動を赦してくれました（私もまた、彼女が私を傷つけていた部分があったので、彼女を赦しました）。夫婦関係が癒やされるまでには、努力とカウンセリングが必要でしたが、それをやった甲斐がありました。それを証明するのは、私たちの素晴らしい夫婦関係です。私たち夫婦は今でも、お互いの弱さを正直に曝《さら》け出すようにしています。弱さを正直に表すという点は、私たちが報告義務を持っているクリスチャンたちに対しても同様です。

私の祈りは、読者の方にもご家族との和解が与えられることです。特に父親との和解です。もし読者自身が父親の立場にあるのなら、子供さんたちとの関係が癒やされますように。結局のところ、人生で大切なものは関係だからです。神や家族との関係は、良くも悪くも、あなたの人生を大きく変えうる尊い贈り物です。

語り合う心の準備があなたの家族にないとしても、私が父やスーにしたように、祈りによって苦々しさや裁く思いを悔い改めることができます。父なる神の御心が啓示されることを求めください。

神は私たちを愛する天の父です。私たちに向けられた父なる神の愛を知ることなしに、誰かを愛することはできないと思います。聖書は「**私たちは愛しています。神がまず私たちを愛してくださったからです。**」（第一ヨハネ四・19）と言っています。私が意図的かつ定期的に、父なる神の御心に関するカンファランスを開催する理由はそこにありあます。みなさんに本来の自分を取り戻していただけるように、私たちは内なる癒しの奉仕も行っています。そういう奉仕をしている団体は他にもあると思いますので、あなたの近隣の地域にある団体を探してみてください。

もちろん私たちのカンファランスにご参加いただけるなら歓迎します。私たちの教会のウエブサイト http://hrockchurch.com/ を見ていただくと、出版物などの案内もご覧いただけます。

読者が、愛と受容と赦しの小道を歩まれることをお祈りしています。あなたがその小道を歩むとき、あなたは自分自身の価値や、キリスト者として持つべき愛や力を見出すことでしょう！

注

1. Bill Johnson, The Supernatural Power of a Transformed Mind (Shippensburg, PA: Destiny Image, 2005), 44.

第九章　ハリウッド万歳！

パサディナの住人なら、誰もがアンバサダー・オダトリアムの前を通り過ぎたことがあるはずです。私も例外ではありません。

アンバサダー・オダトリアムは、パサディナの年中行事となっているローズ・パレードのニュースでもテレビに映ります。ワールドワイド・チャーチ・オブ・ゴッド教団の本拠地だったアンバサダー・オダトリアムは、パサディナでは「王冠の珠玉」と呼ばれてきました。

広大な芝生の敷地に映える噴水池や、そこから流れ落ちる水しぶきを見ると、息が止まらんばかりです。芝生を囲む大理石づくりの白い柱と建物本体は、通り過ぎる人々の心を奪い、中を覗かずには居られなくさせます。

ワールドワイド・チャーチ・オブ・ゴッドの変革以来、アンバサダー・オダトリアムは七年間無人でした。建築業者は所有をめぐって長い間闘いましたが、無駄に終わりました。数百万ドルの豪華な建物を手に入れようと多くの企業家が思惑を巡らしましたが、すべて砕け散りました。いくつもの企業が美しい敷地を見て、何とか手に入れたいと羨《うらや》ましがりました。しかし彼らも、建物の取得に失敗しました。

そのアンバサダー・オダトリアムに対する業者の計画が、私たちを巻き込むことになるとは思いもしませんでした。ただタイミングとしてはピッタリでした。私たちは集会場の問題で、おりしも不安になっていたところだったからです。モットは一九四〇年代に建てられた、砦のようなブロック製の建物でしたが、私たちにとってはとても役立ちました。しかし移転すべき時が来ているのは確かでした。

モットは、パサディナ市で最大の座席数を誇る施設でした。機能的ではありましたが、お世辞にも綺麗とは言えません。それでも私たちは、ありがたいと思っていたのです。この会場を十年間借りてリバイバル集会を何百回も行い、世界中から何千もの参加者を迎えました。様々なカンファランス、伝道集会、日曜礼拝をこの場所で行いました。

前方の演台付近には十分な床スペースがあり、臨在に浸りたい人々のために役立ちました。遠方から霊の渇きを満たしに来た人々が床に寝そべり、喉を潤すラクダのように神の臨在を飲みました。祈りの順番を待つ人々のために、誘導線付きの特殊なカーペットを敷いていました。この誘導線のお陰で、御霊によって倒れる人々が、別の誰かの上に倒れずに済んだのです。そのカーペットは安全確保のため、二メートルごとに誘導線が入ったアメリカ初の「霊的刷新カーペット」だったのです。

初めてファイヤートンネルが行われたのも、モット・オダトリアムでした。ジョン・アーノットが説教者で、出席者数は二千を超えました。控えめに言っても牧会チームはヘトヘトになりました。というのは、参加者全員に個人的な祈りの奉仕をする、という約束になっていたからです。神の助けと断食がなければ成し遂げられませんでした。私が考案した方法はこうでした。祈りを求める人たちに一列に並んでもらい、教役者たちがトンネルを作るようにして列の両側に立ち、人々がそのトンネルを通りに過ぎる間に祈るのです。教役者たちは列にいる一人ひとりに按手し、彼らがトンネルを通過する間に祈って預言をします。多くの人はファイヤートンネルに入った瞬間に聖霊の力で倒されてしまい、トンネルを通過し切れませんでした。そのため「キャッチャー」をやってくれる腕力のありそうな人たちを、ボランティアで募る必要に迫られました。倒れた人たちを彼らにトンネルから引っぱり出してもらい、列の流れが止まらないようにしたのです。

ジョン・アーノットはこのアイデアが気に入り、トロントの教会に取り入れました。その後、ファイヤートンネルというやり方は世界中に広まりました。ジョンはモットで初めてファイヤートンネルを体験したときのことを、よく話題にします。私はハーベスト・ロック教会がこのリバイバルに貢献した実例として、よくファイヤートンネルの話をします。ファイヤートンネルは、油注ぎを受けた子供たちがやると、特に効果が現れます。

モットには、これまでの思い出が詰まっています。子供たちが天使の訪れを体験したこともありました。高々とした天井に六か月間も訪れていたのです。メインルームの壁には、あらゆる国の国旗が誇らしく掲げられています。モットには空調設備がないので、礼拝中でも入り口を開けたままにすることも度々ありました。ワンブロック先まで賛美の声が届くこともあります。近隣の少数民族の人たちが、魅惑的な音楽に引き寄せられて賛美に加わることもよくありました。気軽な雰囲気と開かれた扉は、友好のしるしでした。

しかし施設を借り続けることが段々難しくなりました。最大の理由は、料金が馬鹿にならなかったことです。当時ひと月で三万五千ドルもかかりました。できるものなら建物を借りるのではなく所有すべきだという、一貫した思いが私にはありました。そのほうが投資としては有益です。駐車スペースもますます必要なりましたが、モットでは賄《まかな》えませんでした。正式な駐車場がなかったからです。教会周辺のワンブロックが車で埋まることもありました。駐車できないためにイベントへの参加を諦《あきら》めたり、最初から来る意欲をそがれる人たちもいました。時には説教者が、「駐車スペースを探すのに捜査令状が要りますね」と冗談を飛ばしたこともありました。隠れ家的な施設に留まるには、教会の規模が大きくなりすぎたのは明らかでした。主が何か計画を用意しているはずだとは思っていました。

ハーベスト・ロック教会には、ハリウッドの変遷を見ることに特別な関心がありました。そのことを強調するセルグループもいくつかありました。そういうセルグループのメンバーは、映画産業で働いている人であったり、業界人の救いに重荷がある人たちでした。

モット周辺は常に映画の撮影現場になっていました。ですから私たちは、善《よ》かれ悪《あ》しかれハリウッドがこの世に甚大《じんだい》な影響を与えていることを、いつも意識してきました。実際、私や教会員は、預言者職にある多くの説教者から、映画産業に向けて伝道することは御心だと言われていたのです。

しかし私はこれらの事情を、建造物取得の理由にしたことは一度もありませんでした。ただし主はしていたのです。そしてアンバサダー・オダトリアムが、破格の値段で私たちに提示されました。もちろん賃貸ではありません。買い取りとしてです。

そのときもそうでしたし今もそうですが、私は、神というお方は、無理だと思えるようなことをやれと言われるお方であることを知っていました。私に関する限り、アンバサダー・オダトリアムを買い取るという考えは、無理だと思うどころではなく、考慮の範疇にすら入っていませんでした。

私が家内と外出していたとき、マラナタ高校の校長先生から緊急の電話をもらいました。マラナタ高校は、モット・オダトリアムの敷地内にある学校です。彼らも新しい施設を探していました。校長は、高校とハーベスト・ロック教会を合併させて、アンバサダー・オダトリアムを敷地ごと購入しようと提案してきました。そうすれば個々にオダトリアムを購入するという冒険を冒さなくても済むからです。

この提案を遂行するには、元旦までに多額の頭金を用意し、五月中には残金も支払う必要がありました。そうゆう期限付きの提案だったのです。牧師たちに電話を回している時間は、私にはありませんでした。その場で代表者としての決断をしなければならなかったのです。私は妻のスーと祈り、「使徒的な」決定を下しました。「提案に乗ります！」と校長に答えました。

状況は急展開し、施設を見に行くことになりました。オダトリアムはしばらく使われていなかったにもかかわらず、まるで王宮《おうきゅう》のように保たれていました。建物の中に入った私たちは、独特な作りの巨大なシャンデリアに圧倒されました。手織りのインド製純毛カーペットの上を歩き、ピンク色のしまめのうが配列された西洋風の建物に魅了され、アフリカ産のチーク材で精巧に作り上げた木製パネルや、二四金の上塗りで飾られた天井や隔壁に目を奪われました。

このオダトリアムの壮麗で精巧な仕上げは、ケネディー宇宙センターやドロシー・チャンドラー・パビリオンと並びます。パサディナ市の名所であるこの場所では、ルチアーノ・パバロッティ、アーサー・リュベンスタイン、P・ベイリー、メル・トーメ、ビング・クロスビー、ウィーン交響楽団などのコンサートや、数々のアート・イベントが催されてきました。

この施設が見せられたのは、主の御心だったのでしょうか。私は祈りの中で、この建物には周辺地域とハリウッドとの、強固な結びつきがあることに気づきました。

実質的に半額以下で建物が購入でき、大ロサンゼルス地帯とのかかわりが開かれる計算です。私の心に主が素晴らしいアイデアを与えてくださいました。この施設を、公共イベントで使えるようにするのです。従来通りアーティストや諸団体に貸し出すことにして、貸し出しの条件として伝道的な要素を加えたらいいのではないだろうかと。

私が思いついた考えはこうでした。特別イベント向けに施設をレンタル契約するというもので、レンタル期間中は私か牧会スタッフが、借り手に向けて毎日ディボーショナルな伝道メッセージを語らさせてもらうことを条件にするのです。施設の代金を銀行に返済することもできるし、福音を語る機会も得られるという一挙両得の策です!

とてもいい考えが浮かんだのは良かったのですが、資金はどうやって調達したらいいのでしょうか。このあとに知らされたことは、私には受け入れがたいことでした。建物を所有するためには、私が四ヶ月以内に四五〇〇万ドルの頭金を支払わなければならなかったのです。私たちはすでに、手付金として一〇〇万ドル支払っていました。残りの三五〇〇万ドルを払わないと、手付金の一〇〇万ドルも失うことになります。正直な話、私は自分が一〇〇万ドルを失って、街から逃げ出す幻まで見るようになりました。そのような思い煩いが、何度も脳裏をかすめました。

にもかかわらず、この冒険には主がともにいてくださるという平安がありました。何百万ドルもの大金を用意しなければならない状況にあっても、超自然的な恵みによって主が資金を与えてくださり、栄光もお受けになるという確信がありました。支払期限まであと四日しかないのに、一三〇万ドル不足しているという状況においてもです。牧師たちは、お金をどうやって工面するつもりなのかと私に尋ねました。私は何とか言い繕《つくろ》うつもりでしたが、口が滑って「それはもう解決済みだ」と言ってしまったのです。

それは信仰の告白でした。結果的にどうなったかというと、主が紅海を割ってくださいました。親愛なる友人たちの献金により、必要が満たされたのです。五月十四日の午後四時までに全額が揃いました。私たちは即座にお金を振り込み、みごと物件の購入を完了しました。こうして二〇〇四年五月十四日、ハーベスト・ロック教会は、世界有数の公会堂の所有者となったのです。

これにより、ハリウッド伝道の夢が叶い始めました。アンバサダー・オダトリアム初の大型レンタル契約は、ドリーム・ガールズから来ました。ドリーム・ガールズとは、歌手のダイアナ・ロスの生涯を描いたハリウッド映画です。ビヨンセが主役を演じました。ディボーションのときに妻のスーと私がビヨンセとともに祈り、彼女に神から与えられたメッセージを語ったことは忘れることができません！

また、アメリカの三大ネットワークのひとつである国営放送や、若者向けの音楽ＴＶ番組であるＭＴＶもオダトリアムをレンタルしました。ロサンゼルス室内交響楽団など、有名な楽団がアンバサダーで演奏したこともあります。またアーノルド・シュワルツェネッガー州知事や、ロサンゼルス・レイカースのデレク・フィッシャーなどのスタープレーヤーたちが講演会をしたこともあります。

毎回イベントの紹介をするときは私が立ち上がり、福音を語るのです！

教会に行くことなど絶対にない人たちが、私たちの教会にはやって来ます。福音を語らせてもらう契約になっているからです。こんにちに至るまで、この条件を拒否した団体はひとつもありません。

そして毎週日曜日には、同じ会場で教会の様々な定期集会を行っています。施設の美しさのゆえに、多くのメディアから注目されています。メディアを通してカリスマ派的な礼拝風景や神の恵みが、周辺の都市やハリウッド、さらには世界中に届けられていると信じています。

アンバサダー・オダトリアムを買い取れたことは、イザヤ六〇・5や11、箴言十三・22、ハガイ二・7などで預言されている富の大移動が始まったことの預言的兆候だと言われています。またメディアと芸術そしてエンターテインメントの山に、神が改革をもたらそうとしているしるしでもあります。ハーベスト・ロック教会は、有名なオーケストラやアーティストを迎えたことを通して、社会変革の小さな一歩を踏み出しました。

この働きが将来の大きなビジョンにどう繋《つな》がっていくかについても、本書で後述するつもりです。

私たちがアンバサダー・オダトリアムを獲得したことは、私たちに影響力を与えようとしている主の働きの具体例です。神が道を開いたときは、目に見える障害を恐れてはなりません。
これは、すべてのクリスチャンへの良きアドバイスではないでしょうか！

第一〇章　召命への応答

主が驚くようなことを尋ねてきたので、私は夜更けまでの五時間、眠ることができませんでした。「あなたはすべてを投げ出して、ルーを支援することができますか。」

ルー・イングルは私の協力牧師で、一九八三年から働きをともにしてきた主にある兄弟です。ルーは主に従い、自分の使命に忠実に歩んでいました。この国でザ・コールの働きを立ち上げ、ゆくゆくは世界にもそれを拡大するという使命です。

一九九七年に、有名なプロミス・キーパーの「破れ口に立て」というイベントがワシントンDCで行われた直後、ルーに預言的な幻が与えられました。それは「破れ口に立て」の若者版の幻でした。幻の中でルーは、無数の人々がワシントンDCのナショナル・モールに集まっている光景を見ました。ルーは以前から、若者がスタジアムに溢れ、リバイバルのために断食して祈るという荘厳《そうごん》な集まりを夢見てきました。もちろんそれはルーの情熱であり、ライフスタイルであり、自ら進んで担ってきた重荷でもあります。

私は、はじめてロサンゼルスに来て教会を始めたときのことが忘れられません。ルーが私や妻のスー、他の何名かとともにミニストリーを担うようになったのは、あの時でした。ルーは、牧師でありながら伝道者でもあり実務者でもあると言う風に、通り一遍の型には収まりませんでした。なんでも器用にこなすタイプではないにしても、開拓教会は予算が限られているため、兼務は避けられませんでした。

ルーは、どうしても教会に必要な器でした。主は、この預言者が断食祈祷のために聖別された器である、ということを示してくださいました。詰まる所、ルーに関して言えばそういうことです。昔の預言者たちと同じように、ルーの語ることはこの時代に生きるすべての人に対して義と公正を呼び掛ける主の声なのです。

このことは、主がルーの夢を燃やし始めたときにさらに明確になりました。ルーはナショナル・モールの集会の幻を見てからというもの、それを説教の中で語るようになりました。彼はこの夢を、国中の若者たちに分かち合い始めたのです。アリゾナ州のフェニックスでは祈りの霊が非常に強く若者たちに注がれ、夢の成就を求めて泣き始めました。

一九九九年の春、ルーの説教を一度も聞いたことのない女性が、ルーに歩み寄って来て尋ねました。「ワシントンDCで若者向けの集会を開いて、アメリカのために祈ることについて考えたことはありませんか。」

ルーは茫然としながらも、躊躇なく叫びました。「お嬢さん、私はその幻をアメリカ中で語っているんですよ。」

「良かったわ。私、その集会を実現するための元金として、あなたに十万ドル献金しようと思っていたんです。」

女性は、その場で五万ドルの小切手を書き、残金は後日すぐにルーに郵送してきました。私は、その小切手を見せてくれたときのルーの顔を、昨日の事のようにはっきり覚えています。彼は小切手を見せながら、そのいきさつを説明してくれました。

「ぼくはどうすればいいだろうね。」

几帳面な性格の私は言いました。「団体に名前をつけて、銀行口座を開くといいよ。そのお金を預けて、ワシントンDCの集会の実務をやってくれる若いリーダーを見つけるんだ。がんばれよ。」

私にとっては何気ない言葉でした。でも竹を割ったようなルーの性格を知るなら話は変わります。ルーは妥当かつ必要な方法で天に上り、神の前に出る人物です。彼を地上にとどめておくには、世話役が四十人から七十人くらいは必要でしょう。

それを知っていた私は、自ら進んでルーに申し出ました。「ぼくも祈りによって君に加勢するよ。ハーベスト・ロック教会にも頼んで、資金面でこの計画に協力してもらおう。でも、ぼくは主任牧師としてやることが山ほどあるし、HIMの奉仕やカンファランス、その他の奉仕があって、直接的にはかかわれそうもない。できるとしたらアドバイザーという立場で協力するくらいだね。」

「神に向かって絶対に『絶対』と言うなかれ」とはよく言ったものです。ここまで言えば、このあと私が何を話すか察しが付くでしょう。その年、秋も深まる頃になっても、ルーはザ・コールを統率する使徒を見つけることができませんでした。ルーに負担がかかっていることは目に見えていました。夜眠れなくなっていただけでなく、体重もこれ以上は減りようがない程に減っていました。

忘れることができない夜のことです。主は私を目覚めさせ、もう一度すべてを明け渡すよう私に促しました。それは私が礼拝で説教する前日の夜でした。私は妻や子供たちに相談すれば、「ルーを助けるためにすべてを捨てる」という難局だけは避けられるだろうと願っていました。（家族もやることが山ほどありましたから、「ノー」と言うに決まっていると高《たか》を括《くく》っていたのです！）

ある時私は、自分が家族や教会から遠く離れ、何百万ドルもの資金を調達するために何週間も旅をしている光景を思い浮かべました。それは自分が始めたわけでもない計画のためで、おまけに自分に成し遂げられるかも定かでない計画でした。

しかし主はすべてをご存知でした。息子が言いました。「父さん、ルーおじさんは長年、父さんのことを助けてくれたじゃないか。だから父さんがおじさんを助けるのは当然だよ。」

家族からの承諾を受けた私は、ハーベスト・ロックの牧師たちと会合を持ちました。彼らからも祝福された私は、ルーに「引き受けるよ」と告げました。ルーとテレーズ夫人は、私たち家族がザ・コールに加勢する知らせを聞いてうれし泣きしていました。

幻を書き記せ

家族と牧師たち、教会スタッフそしてハーベスト・ロック教会の教会員の承認を受けて、ルーと私は仕事に取り掛かりました。私たちが初めにしたことは、祈りのうちにビジョンの内容を書き出すことでした。「ザ・コールは、リバイバルと都市や国家の変貌を求めて断食祈祷をするという目的のために、二つの世代を融合させる厳粛な集まりである。」注1

今では世界中で知られるようになったザ・コールの歴史的な歩みは、こうして始まりました。ザ・コールは多くの国々、文化、世代を包括《ほうかつ》しています。各イベントには、独自の雰囲気や特徴があります。イベントを体験したことにより、人生や考え方が著しく変えられたという証が後を絶ちません。

その後、ザ・コールのビジョンは拡大し、断食祈祷によって歴史に影響をもたらすことや（ヨエル書二章参照）、「**父の心を子に向かせ、子の心を父に向かせる**」（マラキ四・5～6）こと、次世代を開拓して社会のあらゆる部門（「七つの山」・教育、政府、メディア、経済、宗教、芸術／エンタメ、家族）のリーダーにすること、なども含むようになりました。

これらの領域は、不信仰な俗世に支配されています。信者は知識不足のゆえに社会に対する自分たちの権威や影響力を放棄してきましたが、神は信者全員を動員して各分野のリーダーにしようとしています。それは神の義によって再び諸国を治めるためです。

ザ・コールは人々に劇的な変貌をもたらすために驚くほど用いられており、人々は御霊と主の力に満たされ、犠牲を惜しまず従う者へと変えられています。

召しに耳を傾ける

「ザ・コールＤＣ」とも呼ばれる第一回目の集会は、私の働きの中で最大のチャレンジでした。私たちは九月に予定されているイベントに狙《ねら》いを定めていました。というのは、そのとき大統領選挙が間近に迫っていたからです。多くの人は、来年まで待って時間をかけてイベントを準備したほうがいいと言ってくれましたが、神の促しは人の論理性とは一致しない場合があるものです。私たちの狙いは、アメリカのための四〇日間断食祈祷を若者にチャレンジすることでした。四〇日後がちょうど投票日だったからです。

その後、選挙の投票は歴史的な紆余曲折《うよきょくせつ》を経て、ブッシュ大統領の逆転勝利という結果になりました。私は若者たちの断食祈祷が投票結果に実質的な影響を及ぼしたと確信しました。この章で後述しますが、コール集会の多くが同じような結果を生み出していると私は信じています。

ボランティアチームを組織したり、四十万人と推定された若者や大人たちをコール集会に集めることができたのはまさに神だけです。それが聖霊の働きであることはわかりきっていました。私たちに言えるのはこれだけです。「**これは主のなさったことだ。私たちの目には不思議なことである。**」（詩篇一一八・23）

耕す人々

野外で一日に何万人あるいは何十万人を集めるイベントを準備するのは決して容易《たやす》いことではありません。第一回目のコール集会を催《もよお》すために中心的な働きを成し遂げたのは、神によって選ばれた優秀な上級委員たちでした。また神に選ばれた無数のボランティアたちが、あらゆる部門で責任を持ちました。同じようなイベントが行われるたびに、毎回主が介入してくださっています。

このような活動に、どれほど手間がかかるか想像してみてください。祈りのチームが必要ですし、ボランティアや調整役、メディアの担当者、会場係、施設と物流の担当者、広報係、ホームページ担当者、賛美チーム、説教者、音響係、駐車場係が必要です。飲み物係には「戦士」の覚悟が必要です。

ポータブルトイレ係も含めて、その他諸々《もろもろ》の必要があるのです。

私の願いとしては、イベントのために神の召しに応えて時間や手間や経費を捧げてくださるすべての人、そして集会に来て断食祈祷をし、歴史を生み出す人々全員の名前を列挙してお伝えすることですが、それをするには紙面が足りません。ひとり一人の名前が聖書の登場人物と同じように主の書物に記されており、永久に忘れられることはないと信じています。もし読者が、御心の実現のために労してくださったおひとりであるなら、心から感謝します。

二〇〇〇年二月九日　アメリカが変えられた日

「ザ・コールＤＣ」の当日、何が起こるかは誰にも予想できませんでした。私たちにわかっていたのは、神が聖なる会合を開くように命じたことだけでした。私たちは御霊の導きに従い、広報活動に万全を期しました。五〇人しか集まらないのか、五万人集まるのかもわかりませんでした。若者を招く場合、コンサートのような目玉を用意するのがふつうです。炎天下で一日を過ごすことになるので、目立つコンサートでもないと夜明け前に起きて来ないのではないでしょうか。

しかしワーシップリーダーを務めるミュージシャンの名前は、事前に公表しないことにしました。

（ワーシップリーダーの中にはビッグネームもいますが、彼らは自主的に無償で出演しています）。また、集会においては、「祝宴ではなく断食をして下さい」と率直に告示しました。そして夜明けから夕暮れまで、祈ってもらえるように頼みました。変化を起こすためにそこまでハングリーになってくれる人々を集めることは、まさに神業だと思います。

私がモールのステージに到着したのは朝五時半で、まだ明るくなっていませんでしたが、会場はすでに人々で埋め尽くされているのがはっきりわかりました。流通部門の担当者が大喜びで知らせを持ってきました。「チェさん。私の見積もりでは、すでに二万七千人集まっています。地下鉄がごった返しているそうで、まだまだ参加者は増えそうです。」私は背筋が凍りつきました。

午前六時ちょうどに集会が始まり、息子のガブリエルが若者たちのワーシップリーダーを務めました。神の栄光は、ナイフで切れるくらい濃厚でした。

このイベントでは、他に類を見ないほど深い悔い改めの祈りが導かれました。十二時間にわたりワーシップをし、悔い改め、祈り、アメリカでもトップクラスの説教者を通して、心を探られました。説教者たちは全員自腹で奉仕してくれました。私たちがアメリカの霊的状態や自分たちの心の状態を自覚していたため、みな真剣な面持《おももち》で聞き入っていました。このような一致と礼拝と祈りがあるなら、神にはいかなる状況でも覆《くつがえ》すことができるはずだ、という言葉では言い表せない希望と畏怖《いふ》の念が満ちていました。

当日は、いろいろな人がステージに上がりました。ヒスパニック系やアフリカ系アメリカ人、アジア人、白人、若者も年寄も。また様々なタイプの賛美、色々なスタイルの祈りが捧げられました。著名なクリスチャンたちも参加しましたが、ほとんどは名も知れない人々でした。

ステージの上でひれ伏して神に懇願する人もいれば、立ったまま主を恐れつつ祈る人もいました。何万もの人々が炎天下で何時間も座ったり寄り添って立ちながら、無限に注がれる御霊の臨在の中で一つになりました。参加者はひとりとしてそれを忘れることがないでしょう。その日生み出されたビジョンは、ひとり一人の心の中で大きく育まれていくはずです。

ザ・コールDCの日に何かが変化しました。歴史的な第一回目のコールの後には、激しい攻防を極めた歴史的な大統領選挙が続きました。そして最高裁判所は、ジョージ・ブッシュ候補を勝利者として宣言しました。選挙の結果として何が起きたでしょうか。ブッシュ大統領は最高裁判所判事として、裁判長にロバーツ、判事にアリトーの二人を選出しました。そしてこの二人の判事が、後期妊娠中絶の禁止に向けて情勢を方向転換させたのです。それは実に第二歴代誌七・14の成就でした。

わたしの名を呼び求めているわたしの民がみずからへりくだり、祈りをささげ、わたしの顔を慕

い求め、その悪い道から立ち返るなら、わたしが親しく天から聞いて、彼らの罪を赦し、彼らの地をいやそう。

ニューヨークのオーバーン神学校の名誉教授ウォルター・ウインクは、「歴史はとりなし手の手中にある」と言いました。注2　あの日私たちは、歴史に名を遺《のこ》したのだと思います。

ザ・コールは終わらない

心に炎を注入した私ですが、この歴史的なイベントが無事終わったときは、正直、安堵《あんど》の溜息《ためいき》をついてしまいました。この国における神の国のために、ザ・コールを通して働いてくださった主に感謝しました。

「よくやった。良い忠実なしもべよ。しばらく休みなさい。」と主が言ってくださったことに間違いはないでしょう（マタイ二五・23参照）。結局、神は私の日頃の予定を誰よりも熟知していたということです。私の継続的な「祈り」を通して、主は私の日程を知り尽くしていたのです。

私にとってはこれで終わるはずだったコール集会ですが、ふたを開けてみれば始まりに過ぎませんでした。ルーがおどおどしたそぶりでやって来て、こう言いました。「どうやらぼくたちは今後もコール集会を繰り返し行って、この国の偽りのイデオロギーに対抗する必要がありそうだね。次のコールはアイビー・リーグの自由主義に対抗するためにニューイングランドで行うべきだ。アイビー・リーグの大半はキリスト教主義の学校として誕生したんだ。敵が盗んだものを主のために取り返そう。断食祈祷をすればできるはずだ。」

ルーの性格を知っている私は、それを聞いても驚きませんでした。また神の性格も知っている私は、ルーの提案に自分が巻き込まれることになることにも驚きませんでした。しぶしぶながら従順な心で「そうだね。」と答え、友に協力することにした私は、その後三年間、国家と若者に変化をもたらす働きに真剣に取り組むことになりました。猪突猛進型《ちょとつもうしんがた》のルーは、コール集会を今も続けています。またコール・チームは、他の国々でもコールを行っています。私もスケジュールが許すときは参加していますが、今は直接指揮を執ることからは解放されています。

今も続いているコール集会が、神によって招集されていることを私は信じて疑いません。コールは、誰もが直面する破壊的な問題にとって必要不可欠な解決策です。二〇〇〇年の九月二日以来、私たちは多くのコール集会を行ってきました。第一回目は別として、サンディエゴでのコールは、私にとって大きな意義のある集会となりました。

ザ・コール・サンディエゴは、二〇〇八年十一月一日にクオルコム・スタジアムで行われました。このときもアメリカは重要な大統領選挙を控えていましたが、私にとって重要だったのはカリフォルニアで第八法案を通過させることでした。第八法案は同性婚禁止法案で、ひとりの男性とひとりの女性による結婚以外は禁止するというものです。この法案はアメリカ全体に計り知れない影響を持っています。カリフォルニアは、アメリカにおける変化の最前線になることがよくあるからです。実際、こう言われてきました。「カリフォルニアが向かう方向に、アメリカも向かう」と。

私たちは第八法案を通過させる必要がありました。多くのクリスチャンは、この法案が通らなかった場合、同性愛の問題について説教者がはっきりものを言いにくくなることに気づいていませんでした。同性愛を否定する説教や教えは「ヘイトスピーチ」として受け取られることになってしまうのです。それればかりでなく、法的義務として小学校の教師たちは、同性婚が人生の選択肢であると教えることを余儀なくされるでしょう。そうなれば重大な危機です。

断食祈祷のみによって第八法案を通過させられると考えるのは愚かでしょう。反対者によるメディア攻撃に対処するには、膨大な資金が必要になります。ロン・プレンティスやプロテクト・マリッジ・ドットコムを用いてくださる神に感謝します。彼らの熱心さがプロジェクトを成功させました。またスカイライン・ウエスレアン教会のジム・ガーロウ牧師は、法案を支持する何千もの牧師と十万人のボランティアを動員しました。神が定めた結婚のために戦うには、大規模な一致団結が必要だったのです！

しかし私は、第八法案を通過させる最終的な変化が起きたのは、投票の三日前に行われたザ・コール・サンディエゴにおいてだと信じています。世論調査によれば、その時点においては投票結果の予測は五分五分だと言われていました。

ザ・コール・サンディエゴの日、一日中断食祈祷をした後の午後四時十五分頃、私は何かが起きて霊的な雰囲気が大きく変化したことに気づきました。私はルーのほうを見て言いました。「どうやら第八法案を勝ち取れたようだ。霊でそれがわかるよ。」ダッチ・シーツとジム・ガーロウも、その日のザ・コールのゆえに戦いに勝利したことに同意しました。

十一月四日、第八法案は大差で可決されしました。最終的な投票率は、五二パーセントから四八パーセントでした。一ヵ月前の集計では、投票率はこれよりも十パーセント低かったのですが、投票率はここまで上昇しました。実に、歴史はとりなし手にかかっているのです！

東から西まで

ザ・コール・サンディエゴは歴史に影響を与えましたが、他のコールも要《かなめ》となる時に要となる場所で行われています。内容全体を伝えることはできませんが、いくつかのコールの有意義な概要を述べたいと思います。

ザ・コール・ニューイングランドは、間違ったイデオロギーや偽りの教えに対する対応とグレート・アウェイクニングの再興、高等教育による知的高慢に焦点が当てられました。（アイビー・リーグの多くは、もともと宣教師の派遣とキリスト教主義の拡大を目的に設立された大学でした。）

一九六二年の最高裁の判決は、学校から祈りを取り去りました。ザ・コール・ニューヨークは、その悔い改めを呼び掛けるものでした。訴訟が起こされた場所がニューヨークだったからです。このコールでは、リバイバルと一八五〇年代にエレミヤ・ランフィアーが始めた昼休みの祈祷会の再興を求めました。そのリバイバルは、何百万ものアメリカ人とイギリス人に救いをもたらしました。またウォール街では、義を求める祈りや、利己心と物質主義の貪欲《とんよく》の悔い改めが起こりました。

ザ・コール・カンザス・シティは、アメリカにイエスの花嫁の心と、イエスとの親しい関係が復活するよう求めました。ザ・コール・ロサンゼルスは、世界を変えたムーブメントの数々が再興するよう求めました。それらの歴史的ムーブメントは、みなカリフォルニアで起こりました。エイミー・センプル・マクファーソンとフォースクエア教会、カルバリーチャペル、ヴィンヤードなどの働きです。またキリスト教界がメディアにおける権限を放棄してしまったことの悔い改めや、性的不品行とポルノの罪の赦しを求めました。（ロサンゼルスは、これらの忌《い》まわしい行為の世界的中心地です。）

次はザ・コール・サンフランシスコです。このコールは四〇日間断食祈祷の終わり頃に始まり、貪欲と文字通りの「金の採掘」の悔い改めに焦点が当てられました。金の採掘はサンフランシスコで二世紀前に始まり、こんにちではハイテク産業によって助長されています。サンフランシスコに憐れみが注がれ裁きを免《まぬが》れることができるよう、熱心に祈りました。サンフランシスコは、一九〇六年に地震と火災に見舞われた経験があります。

ザ・コール・ダラスでは、サンド・クリーク大虐殺の悔い改めがなされました。（この事件はシャイアン・インディアンの大虐殺としても知られています。）一八六四年十一月二九日、アメリカインディアン戦争の最中、コロラド準州軍が準州の南西部にあったシャイアン族とアラパホ族の集落を攻撃し、破壊しました。南シャイアン族の酋長レアード・カムツェヴァの口伝史によれば、四〇〇人のシャイアン族とアラパホ族の男女と子供たちがサンド・クリークで殺害され、七〇〇人余りのアメリカ兵がこの虐殺に関与しました。

大虐殺の一三九年後、サム・ブラウンバック州知事が史上初めて州知事としてアメリカ先住民の酋長であるジェイ・スワロー酋長の前で、こうべを垂れて悔い改めました。スワロー酋長は虐殺された部族の末裔《まつえい》ですが、彼の部族は抹殺される以前、リンカーン大統領から平和維持者として表彰されていました。アメリカ先住民の殺害と政府が施行した先住民移住法による強制移住は、アメリカに市民権に対する不正や、殺人、堕胎を拡大するきっかけになったと思っています。(尚この強制移住は、チェロキー部族の強制移住として知られる「涙の道」の一部であると考えられています。)

ザ・コール・ダラスでは、一九七三年のロー対ウエイド事件に対する最高裁判決の悔い改めと集中的な祈りもなされました。この判決は、女性の堕胎権《だたいけん》をめぐり一九七〇年にダラスで起こされた訴訟に対して、堕胎権を保証するものとして初めて下された判決です。

ザ・コール・ナッシュビルは、文字通り二〇〇七年七月七日に七万人が集結し、一九六〇年代にロックンロールによって生み出された不敬虔な音楽や反抗的なライフスタイルを悔い改める集会でした。父親、母親、息子、娘たちが、若者の敬虔な信仰を破壊し、麻薬や堕胎をも引き起こしたライフスタイルに対して赦しを請い、世代間を超えた力強い悔い改めが起こされました。世代間、人種間、宗教間などの和解を求める多くの祈りも捧げられました。またナッシュビルの街が、音楽だけなく礼拝の街になるよう求めました。集会の終わりには三〇〇のショーファー（角笛）が吹き鳴らされ、アメリカに新しい時代を告げる神の雄叫《おたけ》びが響きました。

大いなる結実

これらのコールの後、断食祈祷が直接的に作用したと思われる多くの意義深い結果が現れました。ジョージ・ブッシュを勝利に導いた二〇〇〇年の歴史的大統領選を思い起こしてみてください。また彼が指名した二人の裁判官が、部分的な中絶を禁止する方向に形勢を導きました。

ウォール街のジレンマの件もあります。時が満ちてこの国のマモン（富）の神が追い出され、神の支配が確立され始めたのではないでしょうか。

サンフランシスコの一件はどうでしょうか。カリフォルニア州は経済的にも政治的にも絶望的な苦境の中にありました。神がデイビス州知事を救いに導くか、さもなくば知事の座から降ろしてくださるようにという祈りが捧げられました。その翌日リコールの要望が始まり、半年後には新任の知事が職務についていたのです。

もちろん第八法案が通過したことにも感謝しています。この法案は、御言葉に従った結婚を維持しました。

海外のコール

アメリカで行われるコール集会に加えて、韓国、フィリピン、ドイツ、オーストラリア、イスラエル、イギリスでも素晴らしいコールが持たれています。まだ他のコールが世界中で計画されています。

変貌と改革

恐らくザ・コールによる現行の最大効果が何かといえば、参加者を変貌させしてしまうという点です。この世は変化を切望しています。そのためには、まず自分自身の心の中にある偶像に向き合わなければなりません。

ザ・コールの参加者たちは、必然的に偶像と向き合う結果になります。ザ・コールは、自ら進んで「歴史の要」として奉仕する人々を輩出してきました。ザ・コールに集う人たちは、イエスを愛するために聖別された新種のクリスチャンです。この人たちの過激なまでの愛が、他の人々にインパクトをもたらしています。友人とショッピングセンターのイベントに参加したり、ビデオゲームに夢中になるクリスチャンもいますが、むしろ炎天下で一日中断食する集会に参加することを選ぶとき、人々の心は変えられます。

ザ・コールは、この時代に主の号令を響かせ、断食を布告するために選ばれていると思います。そうすることによりこの世代のルターやウエスレー、フィニーを輩出するだけでなく、裁きを遅らせ、呪いの代わりに祝福を送り出すためです。（ヨエル二・14参照）

コールにかかわっているひとり一人、また神に定められた基準に従って歩み続けているひとり一人に、私は本当に感謝しています。堕胎《だたい》によって一時間に六千万余りの命が無造作に消し去られ、世代間から敬意と尊敬が消え失せています。また殺人がギャングの儀式になっています。破れ口に立ち「やめせてください！」と自ら進んでとりなす人たちのゆえに、私たちは神に感謝しなければなりません。

離婚が当たり前のようになり、婚前交渉が娯楽と考えられ、貪欲があふれ、麻薬の乱用が見世物《みせもの》になり、「罪」という言葉は死語になっているこの時代に、御霊によって歩み、自主的にこの世の流れに逆行して生きる人々のゆえに神に感謝します。偶像崇拝が心の目を曇らせて神の御顔を見えなくさせ、男性はポルノの罠《わな》にはまり、不正行為が堂々とまかり通る時代において、神に捕らえられている人々に優る祝福はありません。

私たちの願いは、コールによって人々の心や人生が変えられることだけでなく、病める文化に対して抜本的《ばっぽんてき》な変貌と改革をもたらすことです。それに加えて、男女間、世代間、教団・教派間、そして人種間に和解をもたらすことです。

諸民族は神のものです。あらゆる民族を主に立ち返らせることは私たちの特権です。主に立ち返るとき、私たちは本当の意味でこの時代に生かされている目的を知ることができるからです。アーメンでしょうか。

ザ・コールの働きを通して私が受けている光栄と特権は、私の長年にわたる主へのご奉仕の中でもこの上のないのものです。ルー・イングルとテレーズ夫人に感謝します。お二人の断食祈祷が、アメリカと世界に多大な貢献をしているからです。（ザ・コールに関する詳細は、ウエブサイト：thecall.comをご覧ください。）

注

1. Che Ahn and Lou Engle, The Call Revolution (Colorado Springs, CO:Wagner Publication, 2001), 17.
2. Walter Wink," History Belongs to the Intercessors," Sojourners, October 1990.

第一一章　メディア・マニア

私が若かった頃に考えていたのは、メディア時代の到来によってキリスト教改革の新たな火が灯り、それによって信者としての私の夢が激しく膨《ふく》らむだろうということでした。

この世界は今、技術革命を経験しています。仕事で街を行き来する人々は、体のどこかに携帯電話を潜《ひそ》ませ、イヤホンを使って独り言でも言っているかのように相手と話しながら歩いています。

かつては巨大だったコンピューターも、今では書籍サイズになりました。それでいて旧式モデルの全機能、いえ、それ以上を搭載しています。TVアンテナの時代は終わり、解像度《かいぞうど》の高いケーブルテレビの時代になりました。しかも手元のコントローラーで操作できます。しかしこれらも数年後には新しい機種に取って代わられ、生きた化石になることでしょう。

多くの人は、電波はこの世の闇の支配者に独占されていると思い込んでいます。聖書はサタンのことを「空中の権威を持つ支配者」と呼んでいます（エペソ二・2）。しかし私は、この箇所が、放送電波はベルゼブルの所有物だと教えているとはまったく思いません。むしろサタンが横取りしたこの分野の影響力を取り戻し、キリストの王国のために用いられるようにするための刺激材として考えています。メディアには、救いとその後の霊的成長において個人を変貌させる潜在《せんざい》能力があります。主にある番組を量と質の両面で向上させることができれば、メディアを通して社会のあらゆる分野に改革をもたらすことが可能です。

一四三六年にヨハネス・グーテンベルグが印刷機を発明して以来、メディアがどれほどの発展を遂げたか考えてみてください。グーテンベルグの印刷機は情報伝達の方法をまったく変えてしまいました。当時の人々は、史上初めて印刷物を手にしました。理論的には、誰もが聖書を所有できるようになったのです。グーテンベルグによる最初の出版物は、グーテンベルグ聖書でした！　こんにちに至るまで、聖書は毎年、世界のベストセラーです。

印刷機はキリスト教の伝播《でんぱ》を変革しただけでなく、社会の色々な「山」の発展にも貢献しました。メアリー・ベリスは、アバウト・ドットコムの発明家欄で次のように述べています。

『印刷という手段は、書籍の生産に革命をもたらすという功労をしただけでなく、本文の伝播によって科学や芸術、宗教の急速な発展にも貢献したのです。』注1

今の時代は、もうひとつのメディア革命の只中にあります。こちらは印刷機以上に衝撃的です。まさに福音伝播の革命です。現行のリバイバルがテレビや衛星放送、ケーブルテレビ、インターネットのライブ番組、その他の動画サイトなどの伝達手段によって伝わっていくからです。

メディアにどれほどの威力があるかは、レイクランド・リバイバルのインターネット・ライブ配信を見ればわかります。ゴッドＴＶは二〇〇ヶ国余りに配信網を持っており、推計八〇〇％という驚くべき成長率を誇り、二万五千人のインターネット視聴者から週間二十万件のヒットが見込まれています。

つまり、一晩に何百万もの人々がレイクランド・リバイバルの放送を見たということです。議論の余地《よち》はありますが、レイクランド・リバイバルは短命であったにも関わらす、国境を越えて、過去のどのリバイバルよりも多くの人に伝えられたことになります。これは実にメディアの威力の賜物です。レイクランド・リバイバルが起きた教会の牧師であるスティーブン・ストレイダーは、著書「レイクランドの傾注《けいちゅう》」の中で次のように述べています。

『ゴッドＴＶが夜間配信を継続してくれたお陰で、もう五万人がオンラインで映像を見ることができました。驚くべきことは、一日で五万人というその数字はホームページを閲覧《えつらん》した人数に過ぎず、もうあと数百万もの人々がゴッドＴＶのテレビ放送を見ていたのです！』注2

その数週間の中で、リバイバルを見たことも聞いたこともなかった人々がパソコンにかじりつき、神の力が盲人を癒やし、足の不自由な人を立たせ、霊的に飢え乾く人々に聖霊によって触れるのを目撃しました。

その映像は野火《のび》のように広がっていきました。人々が読みたい本を読むことができるのと同じように、現在進行中の神の働きをどこにいても見ることができるからです。

この情報システムが世界の福音化にどれほど貢献しているか、想像できますか？　ウガンダのある牧師は、パソコンを利用するために三キロ離れたカフェまで歩いていくそうです。しかしそこに到着するなら、彼は途方もない情報を手に入れることができるのです。暑さで疲れたライオンが寝そべり、日照りで地面がひび割れている田舎の草原には、その牧師の教会が九〇もあります（彼らは木陰に集まって集会をするからです）。それらの教会では癒やしが起こり、力の伝道に関する真理が見い出されています。

インドネシアのイスラム原理主義が支配する地域では、ある家族と数人の友人たちが奥まった部屋で密かに集っています。恐らくテレビか小型のノートパソコンを見るためでしょう。しかし今彼らは、想像をはるかに超えた番組を閲覧しているのです。彼らはハーベスト・ロック教会のカンファランスをライブで見ることができ、社会にある山々を支配することを学ぶことができます。彼らが祈りの場面を見るなら、神の力によって救われ、癒やしを受け、個人的なリバイバルを体験するかもしれません。

以前テレビ伝道者たちが、画面の前の視聴者に向かって、テレビに手を置くように促していたのを覚えていますか？　それによって視聴者が癒やしを受けるためでした。使徒パウロが触れたハンカチが病人の上に置かれ、奇蹟を必要としていた人々に油注ぎが伝わったとき何が起こったでしょうか。（使徒十九・12参照）

放送電波を通して、同じことが起こりつつあるのです。しかも地理的制限なしにです！

聖霊は油注ぎを受け渡しするためのパイプ、あるいは接点となる人を探しています。メディアを通して教えを伝えることができるのはもちろんですが、奇蹟も伝播できるのです。以下は私の友人の証です。友人はジム・ドラウンによる、「燃えろ！　アトランタ・リバイバル」を見ていたそうです。

『私はノートパソコンをカウンターの上に置き、キッチンで料理していました。霊的にとても沈み込んでいて、神さまからのリフレッシュが必要でした。朝のリバイバル集会には出られなかったのですが、ネットの動画でその集会のライブ放送を見ていました。そのときジム・ドラウンが、知識の言葉で私のことを語り始めたのです。ドラウンが言ったわけではありませんでしたが、私はパソコンの画面に触りたくなりました。そうするようにという聖霊の促しを感じたのです。

神の力が激しく降り、私はまるで神の愛と栄光による電気椅子に掛けられたみたいになりました。思わず叫び出したほどです。

神が私を何かから解放しようとしているのがわかりました。正直言って、朝の集会に出なくてよかったと思いました。もし出ていたら、周りの人たちを驚かせていたでしょう。恐るべき霊的な圧迫が、私から去っていくのを感じました。そして神の臨在をはっきりと感じました。その感覚は、祈りのときに誰かが私に手を置いたときよりもはっきりしていました。すると私は、御霊の力によって倒れてしまいました。そのときも驚きましたが、もっと驚いたのは、その体験によって私が変えられたことです。今でもその効果は続いています。』

イエスの願いは、私たちが無数の人たちにメディアを通して届くことだと信じています。毎日二四時間、様々な動画やゴッドＴＶの番組、またオーストラリア・クリスチャン・チャンネルなどの、他のチャンネルにもアクセスできるようにするため、私たちはウエブサイトに投資しました。ゴッドＴＶだけでも、家族で見ていることを考慮するなら、二二五ヶ国余りで数百万人の視聴者がいるのです。オーストラリアのチャンネルは、一五〇ヶ国に配信されています。「こんにちの聖霊」という私たちの番組が遠く離れた国々や、社会から離れてふさぎ込んでいる人たちに届けられています。特別イベントや伝道活動、カンファランスなども放映されています。この働きによってハーベスト・インターナショナルのネットワーク効果は大幅に拡大し、キリストのために世界に届くようになりました。そして数えきれない人々の人生を変えているのです。

私たちがメディアにかかわるようになることは何年も前から預言されてはいましたが、実現までには十年かかりました。しかしその結果は、現時点でも驚異的です。

私たちのミニストリーに所属するオーストラリア人使徒が言うには、彼の傘下《さんか》の教会数が四教会から四〇教会に増えたそうです。彼はこの結果を、現地で放映されているテレビ番組によるものだと考えています。インドでは、有力なインド人牧師をＨＩＭの新しいメンバーとして獲得しました。彼はドバイで私たちの番組を見ていたそうです。それればかりではありません。メディアによって五〇〇の姉妹教会を訓練することが可能になっています。それらの教会は、神の働きを時々刻々捉《とら》えることができます。

リバイバルに関する難題は、遠くの国々にいる信じたばかりの信者たちの教育です。印刷物や現地在住の教師を送ることが困難だからです。しかしメディアを使えば、ここアメリカで行われている授業をそのまま世界に配信し、インドの小さな家にすし詰めになって集まる新しい信者たち、中国の巨大な地下集会に群がる救われたばかりの信者たちにも見せることができます。しかも無償で見られるのです。

メディアを駆使すれば、過去に比べて短時間かつローコストで、信仰の基本的な土台をしっかりと教えることができます。一ドルでは二家族分に必要な切手すら買えませんが、衛星放送は他のいかなる方法にも真似のできないやり方で、広範囲に情報を届けることができるのです。

御霊には地理的距離など関係ありません。そして技術の発展に伴い、私たちが信じている神は、ライブ放送という手段によって地球上のあらゆる場所で会議を行い、意見交換ができます。ビジネスマンでもあるヴィンヤードの牧師が、このハイテク・コミュニケーションを開発して特許を取り、雑誌「フォーチュン」に掲載されている最大規模の五〇〇企業に販売しました。

新しい発明

近年、太陽光発電のＤＶＤが発売されています。電気が通っておらずカヌーによる輸送しかできないため、装備を運び込めないアマゾンやその他の地域で、ジーザス・ビデオがこれまでになく成功を収めています。

太陽光技術と携帯可能なシートタイプのビデオスクリーンがあれば、現地部族の人が今まで見ることのできなかった画像を見られるのです。福音を伝え理解してもらえる機会が劇的に増えることを想像してみてください。特に現地語の翻訳がなされていない未伝地の民族のためには効果的です。最小限の装備と現地語が話せる人が一人だけいれば、どうしても通訳が必要な事柄に関しても何とかクリアできるでしょう。

近年の「ポケットサイズの奇蹟」といえばアイパッドです。今は様々な言語の聖書を、アイパッドにダウンロードできるようになっています。この小さな優れものは辺境地の人々の関心を集めるだけでなく、スピーカーを通して講義を聞くことを可能にしてくれます。しかもわざわざ電気を引く必要もありません。

「携帯電話の奇蹟」について知らない人はいないでしょう。レイクランド・リバイバル以来、集会を洪水のように拡大しています。神の栄光と油注ぎの現れが強く、人々が祈りの奉仕に殺到しているときは、参加者たちは問題を抱えている友人に電話をかけ、電話越しで祈ってもらっています。

証を二、三、紹介しましょう。まずは二年間昏睡状態にあった十九歳の少年の証です。父親の携帯に電話が入り、息子の胸の上に携帯を置きました。祈りがなされている間に、少年の意識が戻ったのです。少年は今でも意識があり、徐々に回復しています。彼を担当していた医療関係者たちは驚嘆しているそうです
ある女性は夫に電話を掛けました。当時ご主人は酷いうつ状態でした。しかし祈られた瞬間、うつがなくなったのがわかりました。証は枚挙《まいきょ》にいとまがありません。携帯電話には、子供たちの放課後

のおしゃべりよりも、はるかに優れた使い道があるのです。

私はあといくつかの証を書いて、この章を終えようと思います。「こんにちの聖霊」という番組の視聴者から手紙や電話で受け取った証です。

アフリカのマラウィ在住の女性は、失業による悲しみと恐れの中にいました。あるとき番組の中で、私が自分の証をしました。主が私に夢を見せてくだり、将来のミニストリーについて語ってくださった話です。すると主は、彼女にも将来の仕事の夢を見せてくださったそうです。

その夢を見るや否や、彼女に奇蹟が起こりました。彼女はその喜びをこのように伝えてきました。「チェ・アンさん、証をありがとうございました。その証によって私がどれほど励まされたことか。」

カナダ在住の十代の若者は、危険で利己的な罪を犯しました。そのせいで怪我をした人たちに対して、責任を取る決意を記した手紙を送ってくれました。彼は正しいことをすることに決めたそうです。たとえそれが「刑務所行き」を意味するとしても。

スーダン出身でカナダのアルバータ州在住の男性は、イスラム教徒が多い地域に育ち、少年兵の捕虜として拷問されたため、イスラム教徒に対する「怒りと苦々しい思い」で心が一杯でした。この番組を通してキリストを信じ、多くの教えも耳にする中で、神は彼の心を変えてくださいました。彼は最近スーダンに帰国し、以前は敵だった人たちに福音を伝えています。

番組のスタッフが、以前イスラム教徒だった視聴者から電話を受けました。その人はこの番組を見て、「イエスを自分の主、救い主として」受け入れる決意をしたそうです。スタッフは詳細を書き留めた紙に、私へのコメントを書き添えてくれました。「(チェさんにとって)ここに書かれている言葉は、一冊の書物のいちページに過ぎないかもしれませんが、彼の興奮した口調や霊的な飢え乾き、幼子のような願いを聞いていたら、そうは思わなかったはずです。このテレビ番組は、ただのテレビ番組ではありません。この媒体を通して人々が作り変えられているのだから。」

メディアはこれからも用いられます。読者も証を生み出す器として、神に用いていただきましょう。世界はあなたの証を聞きたがっているのです。

注

1. Mary Bellis,“ Johannes Gutenberg and the Printing Press,” About.com, http://inventors.about.com/od/gstartinvetors/a/Gutenberg.htm (accessed March 19, 2009).
2. Steven Strader, The Lakeland Outpouring: The Inside Story (Windermere, FL: Legacy Media Group Publishing, 2008), 34.

第十二章　霊的刷新からリバイバルへ

読者のみなさんに、私の人生における数多くの素晴らしい体験をお話しできることは恵みです。同時に、私に影響を与えた人々や働きを共にするよう、主が与えてくださった仲間についてお話しできることも感謝です。

すべてを主に明け渡し、単純に従うことによって起こされた数々の御わざを、私たちは目撃してきました。主は私たちに新しい希望と力とビジョン（霊的刷新）を与え、励ましてくださいました。また私たちの団体にリバイバルをもたらしてくださいました。前述したとおり、この一連の行程は一九九〇年代前半にトロントから始まったものです。

最近私は、リバイバリストであり世界の改革者であるビル・ジョンソン牧師、トロントのジョン・アーノット牧師と話していました。その中で私たちは、霊的刷新とリバイバルの歴史には興味深い事実があることに、改めて気づかされました。

一九〇六年に起きた、ロサンゼルスのアズサ街リバイバルについて聞いたことのある方は多いと思います。しかしアズサ街リバイバルで御霊に満たされた人の数よりも、トロント・リバイバルで聖霊に満たされた人の数のほうが多いことに、気づいている人はほとんどいないと思います。

それだけでなく、救われた人の人数もトロントのほうが多いのです。アズサ・リバイバルで救われた人の平均値は一日当たり三〇〇人で、それが数年間続きました。当時においては未曽有の出来事でした。海外からも多くの人がやって来て、異言や聖霊の満たしなど、集会で受けた恵みを諸国に持ち帰りました。

トロントのリバイバルは、（本書を書いている時点で）十二年間続いており、四百万人余りの訪問者がありました。この神の働きを表現するために、多くの人は「霊的刷新」という言葉を使い続けています。しかし私たちは、事実の再確認とその結果を考慮し、トロントにおける動きをリバイバルとして評価しています。リバイバルは霊的刷新よりも長期間継続し、より多くの人が関わりを持ち、より多くの変化をもたらすものだからです。

私たちは、多くの場所で大リバイバルが起きることを心待ちにしています。それは多くの人が変えられるためです。リバイバルに伴って起こるのは、「**万物の改まる**」（使徒三・21、新解訳）です。私たちは人々の変貌とともに、この現れを見始めています。私たちは、エペソ一・10にある「**いっさいのものが、キリストにあって一つに集められること**」を見ています。

しかし、キリスト教が無力な状態に戻らないことを読者に対してはっきりさせるまで、また、読者や読者のお子さんたちが万物の神によって変貌させられるのを見るまで、私の心は休まりません。

私がアピールしたいことは二つあります。第一点は警告です。リバイバルや個人的な刷新自体を目的にしてはいけません。リバイバルや個人的な刷新を目的にするなら、恒久的な変貌が起こらないまま、その炎が消えてしまうこともあり得るからです。それらを心ゆくまで体験するのは良いことであり、ひとりでも多くの人に注ぎ掛けを受けてほしいと思いますが、それがすべてではありません。

第二番目のアピールは、社会の改革に踏み込む必要があるということです。神が最終的に望んでいるのはそれだと、私は信じています。

神が御子を捧げた理由は、一握りの人たちを祝福するためではありません。国々が弟子化されるためです（マタイ二八・18〜20参照）。私は、あえて変革ではなく改革という言葉を使っています。その理由は、シンディ・ジェイコブスのベストセラー「改革宣言」に述べられています。

『聖書は社会の変革に対する答えで満ちています！　しかしもし私たちが改革的な法律や改革的な社会構造、また聖書的な世界観を日常生活の中に取り入れないなら、社会は元の状態に戻ってしまうでしょう。』注1

リバイバルを維持するだけは不十分です。もちろん私たちはそうするために努力する必要がありま す。しかし私は、アフリカやインドのリバイバルを見てきました。そこでは何百万もの人々が救われていると、繰り返し報告されています。しかし社会自体はほとんど変わっていません。リバイバルを経験している国々に、私たちは改革をもたらす必要があるのです。

アメリカを例に挙げます。もし改革という言葉が単に人々が新生することや多くの教会が存在すること、あるいは忠実に教会に通うことを意味するのなら、テキサス州のダラスは、世界で最も敬虔で改革された都市だということになるでしょう。しかし悲しいことに、実際はそうではありません。ダラスには多くのクリスチャンがいますが、社会変革をほとんど生み出していません。人類と文化を変革するには、救いの他にも必要なものがあるのです。

シンディは次のように改革を定義づけています。

『改革とは、崩壊してしまった政府と社会の制度を修復し、神が定めた秩序と組織に従って建て直すことだと思います。それは商業活動や貧民の救済、治安維持、立法、学校教育、日常生活において、神の御心を制度化することを意味します。』注2

これこそ私が本章において読者に知恵を授け、社会改革への参加をチャレンジしている所以《ゆえん》です。悲しいことに、社会の変革（改革）がなされ、維持されている模範的な都市は現代においては見当たりません。その意味するところは、その道の専門家がいないということです。私は自分がその専門家だと言うのではありません。しかし私が見てきた範囲で、変革に最もよくつながる方法を伝授します。

ガテマラという中央アメリカの国に、アルモロンガという都市があります。そこではリバイバルが維持され、クリスチャンが政治に介入することによって、刑務所が空になるという変化が起こりました。今では犯罪者の収容施設だったところが、ウエディングチャペルとして使われています。またアルコール中毒からの解放によって、離婚率が低下しています。経済と教育に劇的な変化が起きています。アルモロンガの人口の八〇%余りがクリスチャンで、農業の安定成長と収穫高には神の祝福が表れています。農民は溢れるほどの収穫をメルセデスのトラックで運搬しています。注3

最良の実例といえばグレート・アウェイクニングです。この傾注《けいちゅう》により、イギリスにおける奴隷制度が廃止になりました。民衆の心が変わるなら、国家も変わります。しかも恒久的にです。

この種の変化は準備なくして起こりません。私たちはリバイバルのために心の準備をしなければなりません。大切な来客を迎える家庭が準備をするのと同じように、自分自身や教会、自分たちの街を、主の訪れに向けて備える必要があるのです。詰まる所、主の訪れこそがリバイバルだからです。

ではどのように備えるのでしょうか?

リバイバルと改革という壮大なテーマを論じるには、とても紙面が足りません。当然のことながら、そのテーマに関する膨大な量の文書があります。しかし読者に改革のビジョンを持っていただくことを願いつつ、私が学んだ幾つかの原則をお話ししようと思います。

これからお話しするのは、私が「リバイバルと改革の周期」と呼んでいる概念です。なぜ周期と呼ぶかというと、私たちの目的は特定の状態に至ることではなく、むしろそこに向かう過程を深く掘り下げることのほうにあるからです。

個人的な刷新と継続的なリバイバル

多くの人が、カナダのトロント（トロント・エアポート・クリスチャン・フェローシップ）、カリフォルニア州レディング市（ベテル教会）、テキサス州デントン市（グローリー・オブ・ザイオン教会）、カリフォルニア州パサディナ市（ハーベスト・ロック教会）、そして北アメリカや世界のいろいろな場所で霊的刷新や持続的なリバイバルを体験しています。

しかし何らかの理由で、人々がいつの間にかリバイバルを求めなくなることを、歴史は物語っています。「もう行ってみた」「それは試してみた」精神が生じ、更に大きなリバイバルや更に大きな変化を妨げてしまうのです。そういう心の姿勢は私たちの個人的な歩みに影響するだけでなく、都市や国家、ひいては世界に影響してしまいます。

そういう体験のある人々にとって、そのような精神は危険信号です。余りにも多くの人が単なるセンセーショナリズムでリバイバルにかかわるだけで、変貌を求めてはいません。私たちはイエスの道をどこまでも辿《たど》るべきです。そこに留《とど》まり、他の人を流れの中に入れてあげるべきです。そこまでしなければ、地上をキリストのものにすることはできません。

エゼキエル四七章では、神殿から流れ出て死海に流れ込む川がどんどん深くなっています。深まっていくのは神の川の特徴です。注目してほしいのは、エゼキエルが無関心になって去って行かなかったことです。

逆に預言者は、渡れない深さになるまで川の中にとどまりました（エゼキエル四七・1～5参照）。私たちはもっとハングリーになるべきです。この箇所で特に注目してほしいのは、「渡ることのできない川となった」という分部です。言い換えれば、川の深さは人間の理解や思い、計画を超えているということです。むしろエゼキエルは、神の洪水の中で流されました。もはや自分の計画や願いに従って動きが取れる状態ではなくなり、神の流れに沿って身を任せるしかありませんでした。

この違いは知っておくべきです。なぜなら思い切って神の刷新の中に飛び込んだ多くの人は、変化しているからです。その変化は、主にある新しいものから始まり、足首の深さ、腰の深さへと進みます。そしてある人たちは肩の深さまで行きますが、そこで理屈をこね始め、川から出てしまいます。そしてもう神に関することはこれで十分だ、と決めてしまうのです。

頭が完全に水面下に沈み、もはや自分ではどうにもならない、神さまにしか制御できない状態になるまで、私たちは深く潜《もぐ》る必要があります。ひとたびこのレベルの献身を体験し、霊的な実を結ぶと、あなたはもっとその状態のままでいたい、と思うようになります。リバイバリストであるジョン・アーノットは、著書「父なる神の祝福」の中でこう言っています。

『私たちはこう言っています。「ああ、聖霊さま、私たちは今持っているものでは満足できません。今あるものが素晴らしいのは確かです。でもあなたは、油注ぎを増し加えてくださいました。あなたは力を増し加えてくださいました。しかし主よ、もっと欲しいのです。民を、あなたご自身で満たしてください。足なえが歩き、盲人の目が見え、耳しいが聞こえ、死人が蘇り、世界中の貧しい人々が福音を聞くことができますように。」父なる神は、このような状態に私たちを引き上げたいのです。』注4

この義なる不満は、すでに受け取ったものに対する感謝を忘れているということではありません。むしろ私たちはハングリーでいたいのです。詰まる所、イエスは「(私たち)のものにならないのは、(私たち)が願わないからです」と言っているではありませんか。(ヤコブ四・2参照)

私たちはそこまで満たされているでしょうか。私たちはそこまでハングリーでしょうか。神の願いは、私たちが霊的刷新という新鮮な水を体験し、過去のリバイバルの水量を凌駕《りょうが》して、父なる神と更に親しくなるまで水の中に留まることであると、私は信じています。

私たちには、それほど素晴らしいものを手放すことはできないはずです。もしリバイバルがそのような新鮮な水と聖霊の力強い満たしをもたらすのなら（もちろんもたらします！）、人はそれを拒むでしょうか？

残念なことに、多くの人はそれを拒みます。しかし私が学んだことがあります。そのような深い献身は日々新たにする必要がある、ということです。私はその献身の深さを維持し、聖霊で満たされ続けなければなりません（エペソ五・18参照）。私だけではありません。例外なしにすべてのクリスチャンがそうなのです。だからこそ私は、恵みの座に来るひとり一人がもうひとたび聖霊で満たされるよう、奉仕するたびに祈っているのです。

私は同じことをハーベスト・ロック教会でもやっていますし、ＨＩＭに所属するすべての教会でもそうするよう薦《すす》めています。奉仕で他のところに招かれた場合でも、そこで個人個人のために奉仕ができるよう、なんとか時間を取るようにしています。

神を知りすぎるということはあり得ないことです。エペソ五・18は「**御霊に満たされなさい**」と勧めています。「満たされなさい」の分部の動詞は、御霊が「溢れるまで満たされ続ける」（バプテスマされる）ことを意味しています。バプティゾーというギリシャ語の文字通りの意味は、「圧倒された

状態にする」です。また同義語のバプトーの意味は、「液体で全体的に覆う」「染みをつける」「染める」です。注5

私から見ると、これはまるで神ご自身による現在進行形の洪水のように思えます。私たちが油注ぎを分け与えれば、私たちにはもっとそれが必要になります。また、神を知らない世の中で生活している私たちからは、絶えず油注ぎが漏れ出しています。これこそ、神の臨在から「ひとかたまり」の油注ぎをときたま受けるだけは足らない理由です。私たちは御霊に満たされ続けることによって、神の愛を日々豊かに受ける必要があるのです。

広い見方をすると、私たちは共同体レベルでリバイバルを求めていく必要があります。個人が求めるだけではなく、教会全体で求めるという意味です。そうするときに教会は、この世に対して深い影響をもたらすようになり、集団的な改心につながります。

霊的刷新とリバイバルの両方を忠実に求めるなら、求めること以上のものを期待することができると私は信じています（ルカ十六・10参照）。徹底して求め、求め続けてください。祈るのと同じ分量の祝福を受け取ってください。そして可能な限り多くのものを分け与えてください。私たちが聖霊とイエスの愛で満ち溢れるなら、私たちは力を受け、周期における次の段階に進みたくなるでしょう。

霊的刷新をまだ受けたことない方は、祈りの奉仕や聖霊の満たしを受けられるところに出かけてください。本章の最初の段落で述べたような、「水が湧き出ている穴」を訪れてください。

もし読者が聖霊の満たしという霊的現象を体験したことがないのであれば、それを求めてください。救われたときに聖霊を受けていることは確かですが、御言葉は「聖霊のバプテスマ」というものがあることを教えています（使徒一・5、十一・16参照）。この完全に浸される現象は、すべての信者が自発的に求めるべきものだと私は考えています。大きな集会における集団的な満たしや刷新があるかもしれませんが、すべての信者のための個人的な満たしもあるのです。それは生涯続く満たしです。

私たちがこのような満たしを受けるなら、信者に伴うあらゆるしるしが、明けても暮れても私たちから溢れ出るのは難しいことではありません（マルコ十六・17参照）。イエスの御言葉どおり、大宣教命令はすべての信者にとって当たり前であるべきです。

信じる人々には次のようなしるしが伴います。すなわち、わたしの名によって悪霊を追い出し、新しいことばを語り、蛇をもつかみ、たとい毒を飲んでも決して害を受けず、また、病人に手を置けば病人はいやされます。（マルコ十六・17〜18）

主の言葉によれば、これはクリスチャンライフの証拠です。超自然的なわざを私たちが体験するのが珍しいことであったり、「例外」であるべきではありません。当然であるべきです。ある人が言ったように、私たちは往々にして、人間なんてほんの一時しか生きていられない霊的存在だ、と考えてしまいます。しかし実際は、一時的に人間として生きているに過ぎない霊的存在なのです！　この違いを覚えながら生活するなら、あなたの世界観も、あなたの実生活も、永久に変わることになります。

私たちは流行の仕掛人でありメンタルリーダーであるべきです。また社会の模範であるべきです。神がクリスチャンに、この世界の統治権を与えくださったのはそのためです。日常生活における超自然的メンタリティーとはいかなるものか、それを追及する者に、神が高次元の啓示をもたらす理由はそこにあります。

この世は真理に対する答えを持っていないにもかかわらず、教会は余りにも長い間、この世に支配権を奪われてきました。しかし、クリスチャンが個人としても共同体としても神に定められた霊的ポジションに就くとき、真の変化が始まるでしょう。

大収穫への備え

私たちは王国レベルと使徒レベルと地域レベルで、「網を整える」必要があります。使徒との提携

について は、すでに述べました。(すべての教会は土台の上に建物を建てるため、使徒とのつながりを持つ必要があるということです。)

ところで、地域教会に網が備わっているかを確認してみましょう。

神が一夜にして大収穫をもたらしてくださっても、私たちに備えがなければな何にもなりません。押し寄せてくる群衆を持て余してしまいます。教会の網は整っているでしょうか。その網は重みに耐えられるでしょうか。捕れた魚たちの世話をすることができるでしょうか?

私は、一九七〇年代初頭のイエス革命の時代に救われました。当時、何千もの人たちがイエスを受け入れましたが、多くは信仰から離れてしまいました。なぜなら、教会に大収穫を受け入れる備えができていなかったからです。新しい信者を受け入れ、牧し、弟子化する教会が必要です。そして訓練を受けたクリスチャンたちを、働き手として収穫に遣わす必要があります。そうするためには時間が必要です。聖霊は私たちを導いてくれますが、備えをするのは私たちの責任です。私は、今こそ備えの時だと信じています。

また私は、すべての聖徒が「奉仕の働き」のために整えられる必要があると思っています(エペソ四・12参照)。ハーベスト・ロック教会では、新来会者は新来会者クラスに参加することを奨励しています。そのクラスを終了すると、イエスへの献身のみならず教会にも献身した信徒として、土台が築けるようになっています。新会員セミナーでは、セルミーティングや家庭小集会への参加意義を強調しています。また教会のビジョンに参画《さんかく》したり、他のメンバーのビジョンに賛同できる場も設けています。

小集会やセルグループの強化は、現代の教会全体に聖霊が語っておられることだと信じています。魂の収穫には、セルほど適した方策はありません。セルはセル・リーダーや、教会の他のリーダーを個人的に訓練するための格好の場でもあります。

セル・リーダーたちは通常月一で集会を行っていますが、そこには明確な報告責任と相互牧会が成り立っています。この種のミーティングは、クリスチャンたちが深くて意義深い人間関係を築く場となっています。多くの教会にはこの要素が欠如しています。

ハーベスト・ロック教会では、日曜午前は単に恵みを受ける時間ではなく、整えを受ける時間です。繰り返しますが、奉仕の働きのために聖徒を整える必要があります。

ここロサンゼルスでは、交通の関係で家から集会までの移動に時間がかかるため、各家族が夕食の準備をした上で聖徒の整えのための学び会やセッションに参加するのは困難です。そのため学び関連の集会は平日に行っています。

またハーベスト・ミニストリー・スクールは、日曜の礼拝前に行っています。実践神学の修士号や博士号を取得したい人のためには、ワグナー・リーダーシップ・インスティテュートを設けています。インスティテュートの講義のほとんどは、平日に行われています。

私はメンタリング・モデルを信じています。預言者は預言者を訓練し、使徒は使徒および他の賜物を持つ人たちを訓練する、という原則です。私は自分たちの教会のやり方を特別良いと思っているわけではありませんが、みなさまのお役に立つなら、それは嬉しいことです。むしろ私は、効果的に収穫を推進するために設計された、勤勉かつ革新的なシステムを用いることをお薦めします。

どのようなシステムであろうと、それはあらゆるレベルの地域教会を網羅《もうら》しなければなりませんし、総合的でなければなりません。システムにおいて最も重要な側面は、人々を愛のある共同体によって迎えることです。

人は所属意識を持ちたいという願いを、潜在的に持っています。若者の間で問題になっているギャングのことを考えてみてください。子供たちは、家庭や社会には自分の居場所がないと思っているのです。彼らの大半は満足な家庭生活を送ったことがありません。彼らがギャングになるのは、家族や身近な人々の代わりになるものが必要だからです。

ですから私たちは、キリストを信じる人々全員の家族になってあげるべきです。教会は軍隊ではありません。家族です。愛と思いやりと家族意識を示すことにより、効果的に収穫を得なければなりません。

新たな教会の開拓

もうひとつ必要なのは、可能な限り新しい教会を開拓することです。C．ピーター・ワグナーが常々言っていることは、教会の開拓ほど効果的な伝道方法はないということです。注6　ハーベスト・インターナショナル・ミニストリーという使徒ネットワークが構築された理由はそこにあります。私たちは主が来られる前に、ひとつでも多くの教会を開拓することにより、大宣教命令を成し遂げたいと思っています。

王国の一致

最後に、使徒的ネットワークやミニストリー団体、教団の働きに一致をもたらし、伝道と収穫を強化するための勧めを述べたいと思います。

私たちのうちの何人かは、すでにリバイバル同盟を結成しました。ビル・ジョンソン、ジョン・アーノット、ハイディー・ベイカー、ランディー・クラーク、ジョージャン・バーノフと私です。私たちは信仰を切磋琢磨《せっさたくま》し、互いに知恵を分かち合い、ネットワークを通じて諸国にリバイバルを導き入れるために定期的に集まり、語り合っています。他の方々も同じようにされることをお薦めします。

聖書によれば、私たちは協力して働きをすることにより、力を倍増できるからです。（申命記三二・30参照）

注

1. Cindy Jacobs, The Reformation Manifesto (Bloomington, MN: Bethany House Publishers, 2008), 14.

2. 同, 18.

3. For more on this, watch Transformations I: A Documentary by George Otis Jr. of the Sentinel Group. It is available at http://www.sentinelgroup.org/videos.asp.

4. John Arnott, The Father．s Blessing (Lake Mary, FL: Creation House, 1995).

5. Colin Brown, ed., New International Dictionary of New Testament Theology, vol. 1 (Grand Rapids, MI: Zondervan, 1986), 144.

6. C. Peter Wagner, Dominion (Grand Rapids, MI: Chosen Books, 2008), 56.

第十三章　改革

改革とはどのようなもので、なぜあなたから始まるのか

前章で述べたとおり、リバイバルと改革とでは大きな違いがあります。私はシンディ・ジェイコブスの次の言葉を引用しました。『改革とは、崩壊してしまった政府と社会の制度を修復し、神が定めた秩序と組織に従って建て直すことだと思います。それは商業活動や貧民の救済、治安維持、立法、学校教育、日常生活において神の御心を制度化することを意味します。』注1

改革とは、神の秩序をもたらすための激しい戦いです。人間主義的な主張や名分を打ち破って前進しなければなりません。しかし対戦相手はひとりだけです。

まず知ってほしいのは、あなたには大きな価値があるということです。しかしそれだけではありません。力強いキリスト教、生きた信仰があります。その信仰があなたを変革させて、この世代に神の聖い御名を伝え、神への栄光をもたらします。

ですから、まずあなた自身の改革から始めましょう。

ステージ1　聖めと高潔による自分の改革

聖書は「**聖くなければ、だれも主を見ることができません。**」(ヘブル十二・14) と言っています。個人および教会単位の聖めなくして、リバイバルや社会改革を体験することはありません。

リバイバルの歴史に共通して見ることができるのは、聖めがリバイバルの大前提になっているということです。チャールズ・フィニーといえば、一七九二年から一八七五年にかけて起きた第二グレート・アウェイクニングで用いられたアメリカ人伝道者であり、リバイバリストです。

彼は、リバイバルとは「神への新たな従順の始まり以外の何ものでもない。」と述べています。[注2]

聖書を見ると、第二歴代誌七・14、ヨエル二・12〜32、使徒二・38、使徒三・19などから、悔い改めがリバイバルに先行することがわかります。

私は、改革の土台として聖めを強調します。なぜなら社会的に偉大な立場にある多くの人が、人格の問題や高潔さの欠如によって倒れるのを見てきたからです。悲しいことに、これはキリスト教界だけの問題ではありません。政界、経済界、財界と枚挙《まいきょ》に暇《いとま》がありません。

聖めなくして改革はないのです。

「聖い」ということが、どういう意味かを説明させてください。立場的には、すべての信者はすでに聖いのです。聖書はクリスチャンを「**聖なる国民**」(第一ペテロ二・9) と呼んでいます。私たちは小羊の血による贖《あがな》いによって聖められています。しかし神は、行いにおいても私たちが聖くなることを望んでいます。つまり聖いということは、聖別されること、「**まとわりつく罪**」（ヘブル十二・1）の行いをやめることを意味するのです。

人は独力で自分を聖めることはできません。神の前に正直になり、神の恵みと力なくして、罪を克服できないことを認めてください。あなたは恵みによって救われ、主に仕えることの妨げとなるあらゆるものから、今後も恵みによって救われ続け、聖められていくのです。（エペソ二・8参照）

私たちにできることは、神の助けを仰ぎ、罪に対して敏感になることです。そして主が示してくださるすべての罪を悔い改めなければなりません。悔い改めることによって私たちは罪を憎み、罪から離れるようになっていきます。祭壇の上に自分の罪を捧げ、神の炎によってそれを焼き尽くしていただきましょう。それは十字架の上で日々罪に死に、同じ罪に戻らないことを指しています。最良の方法のひとつは、罪の行いよりも神のほうをより強く愛することです。そうすれば罪の欲求が収まっていくことに気づくはずです。

私が悔い改めるときは、次のような言い方をするかもしれません。「天のお父さま、私は兄弟に対してこのような怒りを持っています。私は自分を変えることができません。でも御前に出て、信仰によって恵みと憐れみを受け取ります。怒りの罪を悔い改めます。どうか赦してください。私は十字架の前に出ます。この怒りを十字架につけてください。信仰によってあなたの赦しと解放をイエスの御名によって受け取ります。私は、兄弟のことも赦します。」

私は、日々十字架を負い、罪を告白するというのは、このようにすることだと思っています。そうするとき神はあなたを赦してくださり、罪から解放してくださいます（第一ヨハネ一・9参照）。あらゆる罪に関して、また罪を犯すたびごとにこのようにするなら、私たちは祈り続けることを学び、聖霊の臨在を保つことになります。この行程を続けることは神との正しい関係を持つことであり、聖めを実践することだと信じています。

しかし私たちは、自分の罪に気づかないこともあります。私たちが他の人、特にカウンセリングの賜物を持つ人を必要とするのはそのようなときです。同じ問題で罪を繰り返す場合、そのような人が必要です。その問題が人間関係であれ、個人的な生活であれ、あるいは人格的な問題であってもです。私たちそれぞれに盲点があります。その盲点は往々にして、人格的な欠点です。他人は、そのような欠点を指摘しようとするかもしれませんが、私たちは他人の言うことを信じようとしないものです。

聖書によれば、癒やしがもたらされるのは、愛をもって互いに罪を告白し合い、へりくだってそれを受け入れるときです。なぜなら、私たちは自分よりも他人のことを、より大切だと考えるからです。（ヤコブ五・16、エペソ四・15、ピリピ二・3参照）

また、絶えずつきまとう罪で縛られている場合は、啓示が必要かもしれません。啓示は、罪の根を発見し、癒やしを受けるために役立つはずです。主の超自然的な力に触れられることによって得られる自由ほど、素晴らしいものはありません。往々にしてそういう罪は、自分でも癒やしが必要だと気づかない領域にあったり、領域を誤解していたりするものです。

私は、ジョン・サンドフォードとパウラ夫人によって設立されたエリヤ・ハウス・ミニストリーズと、キルストラ夫妻（Kylstra）のヒーリング・ハウス・ネットワークを強くお薦めします。彼らの教えとカウンセリングが、私の人生と家族、教会を完全に作り変えたからです。

私たちの教会に連絡を取るのもよいでしょう（http://hrockchurch.com/）。私たちの教会には、読者の助けとなる数えきれないほどのミニストリーがあるからです。またカリフォルニア州レディング市にあるベテル教会によって生み出されたソーゾー・ミニストリーもお薦めします。

ステージ2　都市のための超絶断食祈祷

歴史的なリバイバルは、一致した祈りが最優先されない限り起こらない、とある人が言っていました。祈りがリバイバルの必須条件であることは誰もが知っていますが、改革にも同じことが言えると気づいているでしょうか。

ザ・コールとその結果について述べた章の中で、祈りは法律や指導者、社会的機関に改革的な変化を生み出しています。

では、どう祈るべきでしょうか。パウロが答えを出しています。

そこで、まず第一に勧めます。願いと祈りと執り成しと感謝とをすべての人々のためにささげなさい。王たちやすべての高官のためにもささげなさい。わたしたちが常に信心と品位を保ち、平穏で落ち着いた生活を送るためです。（第一テモテ二・1～2、新共同訳、強調は著者）

みなさんはリバイバルのため、また失われた人々のために、毎日祈れる特権に預かっているのです（第一テモテ二・1～4参照）。パウロはまた、「王たちやすべての高官」のために祈るべきだと言明しています。これは改革的な祈りです。皇帝ネロのことを考えてみましょう。恐らくネロは、パウロがこの手紙を書いた時点においては、ローマ帝国史上で最悪の皇帝だったはずです。

私たちのうちの幾人が、大統領（総理大臣）のために毎日祈っているでしょうか。団体の指導者や上司のために、毎日祈っていますか。そうです。あなたの牧師のために毎日祈ってください。

これらの人々はサーバント・リーダーの立場にいます。その人たちが中央政府の指導者であろうと、経済界の指導者であろうと、エンターテインメントの指導者であろうと、その他いかなる分野であっても、神は彼らの心を変えることによって歴史を変えることができるのです。

また神は、政府の指導者やCEOたちのためにとりなし手を起こしています。私の友人であるトミー・フェムライトは、世界中のCEOのために祈るとりなし手のためのミニストリーを設立しました。ハリウッドが「ホーリーウッド（聖い森）」に変革するよう祈るグループもあります。私たちは、あらゆるタイプのリーダーのために、祈るグループやとりなし手を立てなければなりません。神は文化の七つの山に登り、神の基準と神の変化をもたらすとりなし手を起こそうとしているからです。

また、祈りの戦略なくして変革はありません。祈りの戦略には、同一視の悔い改めから諸国のための戦略的な霊の戦いまで、あらゆる祈りが含まれていなければなりません。（同一視の悔い改めとは、ダニエル九章、ネヘミヤ九章、エズラ九章などに見られる、国家の過去や現在の罪を自分の罪として赦しを請う祈りのことです。）

C・ピーター・ワグナーが、この種のテーマに関する書籍を何冊か執筆しています。私は彼の最新刊である「力による祈り」を強くお薦めします。この本は私がここで述べていることの多くを網羅しているからです。

私の良き友人であるルー・イングルは、「祈りの家を興《おこ》して他の勢力と戦わない限り、持続的な社会の変革はあり得ない。」と言っています。祈りは変革には欠かせないのです。

最後に、私たちは都市に狙いを定めなければなりません。私たちは諸国の民を弟子にするよう召されていますが、都市の変革という現実的な目標から始める必要があると思います。著書「神はひとりも滅びることを望まず」の中でエド・シルボソは、都市伝道の重要性を指摘しています。『都市は、神の贖い戦略の中心に位置しています。大宣教命令はエルサレムという都市から始まり、新しいエルサレムが神とその民の永遠の住まいになるときに完成します。大宣教命令を実現するため、私たちは地上のあらゆる都市に伝道しなければなりません。』注3

一致した特別な祈りと都市への伝道戦略が、改革への大きな一歩になります。そして、そのすべては、あなたから始まるのです！

ステージ3　有用なネットワークの確立

著書「リバイバル・レクチャー」の中でチャールズ・フィニーは、リバイバルに必要な二つの基本条件は、祈りと一致だと述べています。注4　もちろんここで彼が言っているのは、キリスト教会の一致のことです。十九世紀の都市型リバイバリストとして有名なD・L・ムーディーは、著書「秘密の力」の中で次のように記しています。

『私は、主の民が分裂しているところで神の御霊が働くのを一度も見たことがない。』注5

私は一致というものは、いくつかのレベルで起こるものだと信じています。

第一に、他者と和解すべきです。赦しや和解について述べている聖書箇所はふんだんにあります。ですから必要なのは和解を強調することではなく、実践することです。私たちは和解すべきです。兄弟は兄弟と、父親は息子と、夫は妻と。それは、すべての人と平和であるためです。「**あなたがたは、自分に関する限り、すべての人と平和を保ちなさい。**」（ローマ十二・18）

第二に、地域教会の中においては、一致と愛がはっきりと実を結んでいなければなりません。神はキリスト教会から、中傷とゴシップと批判を取り除こうとしておられます。主はこの種の罪を粛々と取り扱われます。たとえ私たちがそういう問題に関与していないとしても、あるいは逆に、そういう問題の解決に貢献しているとしても、いずれにしても私たちは関わるべきではありません。つまり、自分の発言に注意を払うべきなのはもちろんですが、そういう言葉を聞かないように注意すべきです。

私が人々に強くお勧めしているのは、牧師や教役者の批判をすべきでないということです。キリストの御体に分裂を起こしたり、「**キリストが代わりに死んでくださったほどの人**」（ローマ十四・15、第一コリント八・11）を責め立ててはいけません。「**ふたりか三人の証人**」（第一テモテ五・19）がいない限り、長老を訴えてはいけません。

今は、神がキリストの体全体を真剣に取り扱っている時代です。アカンの咎《とが》の話にあるとおり（ヨシュア記七章参照）、罪は宿営全体に影響を及ぼすので対処が必要です。ひとりが苦しめば、全員が苦しみます。（第一コリント十二・26参照）

ですから私たちは、他者に関して何か言ったり、信じたりする場合は、思慮深く謙虚で、赦す心をもってそうしなければなりません。義なるコミュニケーションを取り、分裂や中傷を避けるため、批判する人たちには耳を貸さないことです。そういう人たちには、ゴシップや中傷が、道徳的な罪や目に見えてはっきりしている罪と同じくらい悪いものであることを、親切な言葉で諭《さと》してあげてください。聞いてくれる人がいなければ、誰もゴシップを言わないはずです。読者は、ご自分の教会の中で改革者になることができるのです。

第三に、都市レベルで信者間に一致がなければなりません。教団教派が分かれていても、キリストの教会はひとつだけです。私たちは「自分たちの教会」だけが正しいとか、自分たちの教会は他よりも優れていると信じる傲慢を悔い改める必要があります。分派主義や排他主義を悔い改める必要があるのです。御言葉は、私たちは「**みな信仰の一致**」（エペソ四・13）に達する必要があると述べています。私たちが教義における一致に達するとは述べていません。

信仰の基本教理は、イエスの死と復活、恵みと信仰告白による救い、主の犠牲による永遠のいのちという贈り物、です。これらの基本教理で合意し、他の領域においては互いを拒絶し合うべきではありません。むしろ協力することによって成し遂げられる事柄にのみ、意識を向けるべきです。改革をもたらすため、私たちはこの終末の時代に一致団結すべきです。そのためには統括者が必要です。自分たちがキリストにあってひとつであることに気づくことができないなら、バラバラで混乱した社会の改革に向かって、一歩も前進することはできません。

第四に、使徒との提携が必要です。一致とともに使徒が必要です。使徒はキリスト教会における最高位の職務です。私たちは牧師という肩書に慣れ親しんでいます。余りにも親しみが深い職務であるため、終着地点は牧師だと思い込んでいます。しかし聖書はそう言っていません。キリストが隅のかしら石ですが、使徒と預言者が土台であり、使徒は教会において首位のポジションに置かれています（第一コリント十二・28参照）。使徒は預言者とペアを組み、総括的な戦略や現在必要な指示をキリストの体に提示する立場にあります。

各部門において提携する使徒を見つけるなら、私たちはより大きな油注ぎを受けることができ、より大きな社会改革の実を見ることができます。そして教会に真のリバイバルが起こります。そのためには牧師が使徒と提携し、教会を監督してもらうことが重要です。

使徒による監督や指導を受ける牧師と比べると、孤高の牧師は小さな影響力しか持てません。使徒と牧師が協力関係を結ぶことにより、牧師は自分の持てるものを最大限に活用することができます。

持てるものとは召しであり、人格であり、賜物であり、主にある使命です。この種の霊的覆いを持っていない方は、それを見出す時が来ています。

これは使徒的ネットワーク、あるいはあなたの霊的DNAを持つ「部族」、を主に求めることを意味しています。（あなたのDNAを持つ部族とは、あなたの成長や霊的利益のために、ベストマッチする人たちという意味です。）それが見つかったら、次は、主があなたのために選んでくださった人たちに合流し、霊的な契約関係を結ぶことです。

五番目に、私たちは改革をもたらすために、他者とネットワークを構築する必要があります。有名な廃止論者ウィリアム・ウィルバーフォースは、英国の奴隷制度に勝利するために作られた、クラパム・グループと呼ばれるネットワークを持っていました。驚くべきことにクラパム・グループのメンバーのほとんどは、ジョン・ヴェンが牧会する教会の会員でもあったのです。シンディ・ジェイコブスが、クラパム・グループに関する権威であるクリフォード・ヒルの言葉を引用しています。

『一教会の会員たちが、世界の歴史にこれほど大きな影響を与えたことはかつてありませんでした。彼らの祈りと行動力は英国の宗教と社会を根底から変革したばかりか、アフリカや西インド諸島、インド、オーストラリやニュージーランドにも影響を及ぼしたのです。』注6

百十二人の英国国会の議員全員が、クラパム・グループのメンバーでした。このグループには銀行家や弁護士など、その道の専門家も在籍していました。教会の指導者と一般社会の指導者がひとつになって祈り、イギリス社会を改革するために行動を起こしたのです。彼らはネットワークを形成し、それが功を奏しました。世界の歴史が永久に変えられたのです。

読者にも同じ能力があり、ネットワークを通して社会の病に勝利できます。

ステージ4　自分を職場における奉仕者と見なす

リバイバル体制の中にいるかどうかは別にして、すべての信者は自分が奉仕者であることに気づくべきです。聖書は、私たちは「王の系統を引く祭司」(第一ペテロ二・9、新共同訳)であると教えています。私たちは、フルタイムの奉仕者はクリスチャンの一パーセントに過ぎないことを知っておくべきです。ということは、クリスチャンの九九パーセントは一般社会で仕事をしているということです。つまりキリストの体による活動の大部分は、一般社会でなされているのです。「職場」とは呪われた二文字の語句ではなく、神の祝福の一部だということです。詰まる所、堕落以前のアダムが、エデンの園で働くように言われたのと同じことです。

私たちは職場で弟子を作る必要があります。職場で伝道する必要があります。マルコ十六・15は主からの命令です。選択の余地はありません。私たちは、身近なところにいる人々に伝道すべきです。

収穫が魔法のように訪れると信じれば前向きになれるでしょうが、そういう考え方は間違いではないでしょうか。

農夫なら誰でも、収穫期はほかの時期よりもやることが多いでしょう。私たちも積極的に収穫に近づくべきです。イエスは「**私が帰るまで、これで商売しなさい。**」（ルカ十九・13）と言われました。また「**だれも働くことのできない夜が来る**」（ヨハネ九・4）ので、父の仕事を昼の間にやり遂げなければならないとも言われました。

神の働きを忠実になすとき、リバイバルが来るというのは真実です。前述したとおり、チャールズ・フィニーは、『リバイバルは神への新たな従順の始まり以外の何ものでもない』と言いました。注7　大宣教命令に従うとき、私たちはリバイバルに向かって大きく前進するのです。

本書の至る所で述べたとおり、神によって遣わされた社会の山において、私たちは指導的な地位を占めるように召されています。それが教育であれ、芸術であれ、宗教あるいは政治、メディアであれ、家庭であれ、私たちが支配すべき時が来ました。地上における神からの召しを完成させましょう。そのとき初めて神は、万物の主としての栄光を受けます。そのとき初めて神の道が確立します。それこそ、私たちが主の訪れ以上のもの（改革）を手に入れる道であり、神の住まいとなる道なのです。

ステージ5　改革にはお金がかかる

私は社会改革にはお金がかかることを学ばされています。しかも半端な額ではありません。多くの人はこういう話は聞きたがりません。しかし人の心にあるもの、また心の優先順位を露《あらわ》にするために神がお金を用いたように、（というのは、マタイ六・24やルカ十六・13に、人は二人の主人に仕えることはできないと書いてあるとおりです。）社会を善にも悪にも変える力として、神はお金を選びました。

大宣教命令の実現方法の一助としても、神はお金を用います。著書「支配」の中でC．ピーター・ワグナーは、次のように述べています。『歴史を振り返ると、他の何ものにもまして社会の変革を生み出した三つのものが見えてきます。暴力、知識、富です。そしてこれらの中で最大の要因は富です』注8

これらの原則が変革をもたらす要因であることを説明するために、カリフォルニア州で可決された第八法案をもう一度取り上げましょう。この法案は、結婚とはひとりの男性とひとりの女性によるものであり、それ以外の何ものでもないと定義しています。この法案を可決に至らせるために、多大な労力が求められました。私たちの側には、友人であるジム・ガーロウのような、強力な統率力を持つ人物がいました。ジムはカリフォルニア州で三千人の牧師を動員し、福音派の信者に投票を呼び掛けました。

しかしネットワークを構築するには、福音派という枠を超えなければなりませんでした。ネットワークはカトリック信者、モルモン教徒、そしてあらゆる人種にまたがる同心の人々の中で構築されました。ルー・イングルが指揮を執ったザ・コール・サンディエゴを含めて、膨大な断食祈祷が原動力となりました。

しかし勝利を勝ち取るには、何百万ドルもかかりました。かなりの予算が組まれた反対勢力に対抗し有権者の心を掴《つか》むには、高価なテレビスクリーンによる公示が求められました。これはカリフォルニア史上、最も高価な示威《じい》運動だったと聞いています。第八法案の反対勢力が四千三百万ドル、賛成派が三千九百万ドルを投入し、合計八千万ドル余りが動いたのです。私たち賛成派が必要な資金を調達していなかったら、この戦いに敗れていたと私は確信しています。

社会を変革するにはお金がかかりますが、もし私たちが真に神の栄光の現れを求めるなら、主にある大義を積極的に支援しなければなりません。神のしもべであるダビデが「**費用もかけずに、私の神、主に、全焼のいけにえをささげたくありません。**」（第二サムエル記二四・24）と言ったとおりです。

神が私たちの心をきよめたのは私たちが喜んで捧げる者になるためですが、同時に、自ら進んで好ましい将来を選択するためでもあるのです。

ところで、持続的な変化を成し遂げるには、もうひとつの要因があります。

ステージ6 変革を維持する法律、世界観、社会構造の確立

変革と改革には明確な違いがあります。変革は、ある状態から別の状態に変化する行程のことですが、改革は、変革を維持する基盤を意味するからです。改革は成長を確立し、維持し、促進するものなのです。

神の御心は、クリスチャンが一時的に「占領する」ことではありません。それは、神が私たちを（一時的に）訪れるのではなく、私たちに内住することを御心としているのと同じことです。「この世の国は私たちの主およびそのキリストのものとなった」（黙示録十一・15）とあるとおり、私たちは支配するように召されているのです。

以下は、私が云わんとしていることの実例です。第八法案がカリフォルニアで可決するや否や、反対勢力は州に対して投票の無効を訴える三件の訴訟を起こしました。シュワルツェネガー知事を含む州政府の指導者たちは、法案の通過に対して落胆を表明し、投票を無効にする決意を宣言しました。

これは歴史が繰り返すことの実例です。カリフォルニア州が男女による結婚を肯定する法案に投票したのは、今回が初めてではありません。最初の投票は二〇〇〇年にあり、第二二法案の投票が行わ

れました。カリフォルニア市民の圧倒多数が賛成に投票しました。

しかし悲しいことに、市民の投票を維持する基盤がありませんでした。反対勢力の同性愛者の団体がカリフォルニア州に対して起こした訴訟は、最終的に州最高裁判所にまで行きました。二〇〇八年四月、活動家の裁判官らは、六〇パーセント以上の有権者の願いを翻《ひるがえ》し、同性婚を合法化する票決を下しました。このようなことがあるので基盤が必要不可欠なのです。

しかしカリフォルニアでは、次回の選挙の投票で対処させる署名を一定数集めれば、州最高裁の決定でも覆《くつがえ》すことができます。第八法案で起きたのが、まさにこれです。このような理由から、同性婚の合法化を回避するためには、一度制定された法律を維持するための法的基盤が重要なのです。

そのためにはまず第一に、人々の心を聖書的な世界観に変えるリバイバルがなければなりません。その次に社会構造を構築し、時代の影響を受けない聖書的理解に根差した結婚を確立するために、法律化しなければなりません。社会の改革が重要な所以はここにあるのです。

もう一つの事例として、構造的貧困除去の取り組みがあります。私は、都市戦略家であり使徒的教役者であるエド・シルボソが主張している、構造的貧困除去は真の社会変革の指標であるという意見に共感しています。

合衆国政府が一九六五年に貧困撲滅運動を始めたときは、国民の十二パーセントが貧困層だと考えられていました。国は貧困撲滅のために三〇億ドル余りを費やしましたが、財源を使い果たした後も貧困率は十二パーセントのままだったのです。

C・ピーター・ワグナーは貧困撲滅に必要な要素について、カンザス州のサム・ブラウンバック知事の言葉を引用しています。

『貧困撲滅の鍵は最低限の教育と結婚、婚前出産の抑制と育児を推奨することにある。貧困層の多くは、これら四つの点において極度に脆弱《ぜいじゃく》である。』注9

サム・ブラウンバック知事は、貧困の根底にある要因への対処と、ユダヤ教・キリスト教的世界観に基づく教育の必要性を訴えています。これらと社会構造の適切化を組み合わせれば、構造的貧困を根絶し、持続的な変化が起こるからです。

シンディ・ジェイコブスが社会の変革とそれに対する全信者の参加を呼び掛けている理由は、まさにここにあります。

新たな次章

私がリバイバル、変革、改革というテーマの表面をなぞっただけに過ぎないことは承知しています。

しかし私たち全員にとっての次の一章を見るまでは、平安の内にこの本を書き終えることができません。

私たちの多くが、教会に対する聖霊の声を聴いていることに心が躍《おど》ります。更に多くの都市や国々で、社会の持続的変革や改革が起こると信じます。**「この世の国は私たちの主およびそのキリストのものとなった」**（黙示録十一・15）が実現し、主に栄光が帰されますように！

選択権は私たちにあります。私の願いは、すべての読者が霊的な投資家になり、賢明な投資に対する報酬として、より豊かな才能を受け取ることです（マタイ二五章参照）。本書の読者が、誰ひとり行動なき人生に満足することがありませんように。また「呪われたいちじくの木」（マルコ十一・13〜14参照）や「**悪いなまけ者のしもべ**」（マタイ二五・26）になることがありませんように。読者がこの本を選んだ理由は、実行可能な内容だったからではないはずです。神が信頼しているとおりのあなたになってください。私はあなたが、主にある変化と永遠の栄光に人生を捧げる、有用で力強いクリスチャンであると信じています。

私たちが主の再臨を早めることに貢献するなら、主の栄光の御顔を仰いで、「**よくやった。良い忠実なしもべだ。**」（マタイ二五・21）という御言葉を聞ける日がそれだけ近づくことを覚えてください。地上で労苦した者たちのすべての涙は拭《ぬぐ》い去られます。そして主とともに統《す》べ治めるとき、私たちは喜びに満ち溢れるのです。

読者の人生にリバイバルと改革が来ますように。あなたやあなたの家族、そして社会が変革されますように。最上のものが到来するのは、これからです！

注

1. Cindy Jacobs, The Reformation Manifesto (Bloomington, MN: Bethany House Publishers), 18.
2. Charles Finney, Revival Lectures (Grand Rapids,MI; Fleming H. Revell Company, n.d.),
3. Ed Silvoso, That None Should Perish (Ventura, CA: Regal Books, 1994), 21.
4. Finney, 349.
5. Dwight L. Moody, Secret Power (Ventura, CA: Regal Books, 1987), 124.
6. Jacobs, 143.
7. Finney, 7.
8. C. Peter Wagner, Dominion (Grand Rapids, MI: Chosen Books, 2008), 181.
9. Wagner, 177.

エピローグ

エピローグ

本書を執筆していて一番うれしく思うことは、一人ひとりの読者に、素晴らしい解放の真理と安息をお伝えできることだと思います。その真理と安息とは、「委ねて、神に任せなさい」というものです。

神の川に入ってください。そしてあなたの頭上が水で覆われ、流れがあなたを運んでいくまで身を委ねてください。そうしたら、その状態にとどまるのです。

余りにも長い年月の間、私はこの世の思索で生きてしまいました。世の思索とは、「俺がやらなきゃ誰がやる」という思いです。しかし実のところ、もし私が単独でそれをするのなら、私は大きな危険の中に身を置くことになります。

主の導きに従って日々を生きることは、とても刺激的です。私はこの真理を示してくださる神に感謝しています。私たちを通して働く主のいのちは、主が望まれるなら、どんなことでも可能にしてくれるからです。「**わたしを離れては、あなたがたは何もすることができないからです**」（ヨハネ十五・5）とあるとおりです。

私が何を学んできたかといえば、偉大な指導者とは、神の後につき従う人を指すことです。

この後書きを書き添える理由は、読者に熟考していただきたいからです。神は人に媚《こ》びを売るお方ではありません。本書の中でお伝えした多くのことが、読者の関心を引きつけ、夢に火を灯し、心の奥底にあった願いを引き出したと思います。あなたがそう感じた理由は、あなたが大いなる大義のために生まれてきたことの証です。あなたは「神のかたち」に似せて創造されました。ですから神に従うとき、本来のあなたが余すことなく回復するのです。

私の願いと祈りは、本書に書かれた啓示や実例によって読者が強められ、力強いキリスト者として生きることです。あなたには、いのちと敬虔に必要な一切のものが与えられています（第二ペテロ一・3参照）。あとはあなたが、その知恵をどう活用するかにかかっているのです。

読者と気前のよい神に、祝福がありますように。私たちが自分の存在意義を見出し、神の力に満たされ、人生の計画と使命が実現することにより、神に栄光が帰されますように。

それは神の喜びとなり、私たちにとっては驚きとなるでしょう。ただ主だけにすべての栄光がありますように。

改革者の誓い　チェ・アン

イエス・キリストを愛し、彼に仕える者である私は、改革者、世界の変革者、歴史の作成者として召されています（使徒十三・36参照）。改革者である私は、神の国を前進させ、大宣教命令を成就させ、神の栄光のために生きることを誓います。主の恵みと力と権威により、私は以下のことも誓います。

一．私は常に天の父から愛を受け、愛の人生を生きてゆきます。それにより私は神を愛し、隣人を自分と同じように愛します。（マタイ二二・37〜39参照）

二．私は人格的成熟と敬虔さを養い、聖い生活を心掛けます。それにより神を喜ばせ、改革者という使命の完遂《かんすい》を損なうことがないためです。（第一ペテロ一・15〜16参照）

三．私は諸国民の祈りの家の一員として、祈りに専念します。私は文化の七つの山の権威者たちのためにとりなします。私は祈りによって、偽りの宗教や偽りのイデオロギーに立ち向かいます。またエルサレムの平和のためにも祈り、すべてのイスラエルが救われることを祈ります。（マルコ十一・17、詩篇一二二・6、使徒一・8参照）

四．私はキリストの体のリバイバルと我が国の霊的覚醒のために闘います。私は聖霊の力に満たされ続けます。（ヨエル二・28参照）

五．私は胎児の生きる権利のため、堕胎《だたい》が違法になり、希少になるまで闘います。私は中絶に賛成する如何なる候補者にも投票しません。（出エジプト記二〇・13参照）

六．私は自分の家族との関係を優先的に強化し、一男一女による結婚という神聖な契約の定義が一時も歪《ゆが》められることがないよう努めます。（創世記二・24参照）

七．私は人種差別や社会不正と戦い、地球環境を大切にし、手が届く範囲で構造的貧困の撲滅《ぼくめつ》のために最善を尽くします。（マタイ六・9～10参照）

八．私は、教育、政治、メディア、経済、宗教、芸術、エンターテイメント、家族という七つの文化の山のうち、私が登り極《きわ》めるよう導かれているものを発見し、持続的な社会変革をもたらすために、自分の分を果たします。（マタイ二八・18～20参照）

九．私は、神が私に託した時間、経済、賜物、才能を社会改革をもたらすために差し控えることなく用います。（ルカ十九・11～26参照）

十．私は神の教会を愛し、神の民の一致のために歩みます。また私の人生における権威者、同労者、私の監督下にある人々との提携や霊的覆いに関して適切に振舞います。私はそれらの関係における一致と提携と正義を追及します。それは、キリストの体におけるこの種の結合が、社会変革のために必要であることをわきまえているからです。（詩篇一三三篇参照）

■著者紹介

チェ・アン

カリフォルニア州パサディナにあるハーベスト・ロック・チャーチの主任牧師。ハーベスト・インターナショナル・ミニストリー代表。35カ国で5000以上の教会を監督している。

ホームページ：www.cheahn.org
www.Harvestrockchurch.org
www.harvestim.org

グッバイ軟弱なキリスト教

2015年12月1日　初版発行

著者　　チェ・アン
翻訳　　マルコーシュ翻訳委員会

発売所　マルコーシュ・パブリケーション
東京都渋谷区広尾5-9-7
TEL 03-6455-7734　FAX 03-6455-7735

定価　（1800円＋税）
印刷所　モリモト印刷